Arbeiten im Home Office in Zeiten von Corona

Ein Leitfaden zu Home Office und mobilem Arbeiten

Bearbeitet von

Rechtsanwalt Axel Bertram
Fachanwalt für Arbeitsrecht, Partner

Rechtsanwalt Roland Falder
Fachanwalt für Arbeitsrecht, Partner

Rechtsanwalt Dr. Frank Walk
Fachanwalt für Arbeitsrecht, Partner

unter Mitarbeit von

Rechtsanwältin Anne Kleemann
Rechtsanwältin Kathrin Reyer

alle EMPLAWYERS PartmbB, München

C.H.BECK

Vorwort

Entgegen vieler Hoffnungen bestimmen die Auswirkungen der COVID-19-Pandemie auch zu Beginn des Winters 2020 wesentliche Teile des Privat- und Berufslebens der Menschen in Deutschland und Europa. Die Verlagerung von Büroarbeiten aller Art aus den Betrieben in die private Lebensumgebung der Mitarbeiter ist in den vergangenen Monaten in einem nie geahnten Umfang Realität geworden. Manche Unternehmen mussten sich in den vergangenen Monaten erstmals mit diesem Phänomen befassen, viele haben ihren Erfahrungsschatz im Umgang mit dem Home Office in den letzten Monaten deutlich weiterentwickelt. Dies hat uns veranlasst, die Erkenntnisse der vergangenen Monate in einer überarbeiteten Fassung unseres Werks zusammenzuführen.

München, im Dezember 2020

Axel Bertram

Aus dem Vorwort der ersten Auflage

Die COVID-19-Pandemie hat Deutschland und die Welt seit März 2020 fest im Griff. Alltägliche Selbstverständlichkeiten werden plötzlich zu großen Herausforderungen oder gar vorübergehend gänzlich untersagt. Die Auswirkungen der COVID-19-Pandemie haben auch vor der Arbeitswelt nicht Halt gemacht. Abgesehen von einzelnen Unternehmen, die unmittelbar durch Quarantäne-Maßnahmen betroffen waren oder sind, bemühen sich die meisten Arbeitgeber, vermeidbare Ansteckungsrisiken so gut wie möglich auszuschließen. In diesem Zusammenhang hat der Einsatz von Mitarbeitern im Home Office eine bislang nicht gekannte Bedeutung erfahren.

Diese besondere Situation wirft eine Reihe spezieller, bislang noch nicht vertieft behandelter Rechtsfragen auf. Mit diesem Heft möchten die Verfasser Arbeitgebern, Betriebsräten und Arbeitnehmern eine Orientierung an die Hand geben, um in diesen unruhigen Zeiten die Erbringung der Arbeitsleistung im Home Office wo immer möglich und gewünscht reibungslos, sicher und mit dem Sinn für den in dieser besonderen Situation nötigen Pragmatismus zu gestalten.

Meinen Kolleginnen und Kollegen und Co-Autoren, allesamt Rechtsanwälte bei EMPLAWYERS, danke ich herzlich dafür, dass sie sich bereitgefunden haben, trotz ihrer erheblichen Arbeitsbelastung ihre aktuellen praktischen Erfahrungen zu diesem Thema in diese Veröffentlichung einzubringen.

München, im Mai 2020

Axel Bertram

Inhaltsverzeichnis

I. Einführung 7

1. Bedeutung des Home Office in der Corona Krise 7

2. Begriffsklärung/-abgrenzung 7
   a) Klassische Arbeitsorganisation 7
   b) Klassische ortsungebundene Tätigkeiten 7
   c) Dienstreise 7
   d) Telearbeit im Sinne der Arbeitsstättenverordnung 8
   e) Telearbeit, umgangssprachlich 8
   f) Home Office 8
   g) Mobiles Arbeiten, Mobile Office 9

3. Corona Office 9

4. Vor- und Nachteile 10

II. Rechtsgrundlagen 11

1. Kein gesetzlicher Anspruch auf Home Office 11

2. Anspruch in Zeiten von Corona 11

3. Regelungen in Tarifverträgen 12

4. Betriebsvereinbarung 12

5. Der Arbeitsvertrag 12

6. Weisungsrecht 12

III. Rechtslage im Home Office 13

1. Schaffung und Gestaltung mobiler Arbeitsformen 13
   a) Home Office/Mobile Office als „Recht" des Arbeitnehmers 13
   b) Home Office/Mobile Office als Rahmenvereinbarung unter dem Vorbehalt einzelfallorientierter Abstimmung 14
   c) Zusatzvereinbarung Home Office wegen Corona 14
   d) Vertragliche Abreden zur Aufrechterhaltung/Erweiterung des Direktionsrechts ... 15
   e) Das Direktionsrecht des Arbeitgebers als Grundlage für mobiles Arbeiten/Home Office in Zeiten von Corona 15

2. Ausstattung des Home Office/Mobile Office 17
   a) Ausstattung durch den Arbeitgeber 17
   b) Einsatz privater Geräte/Software 17
   c) Aufwendungsersatzanspruch 17

3. Arbeitszeit im Home Office/Mobile Office 18
   a) Grundprinzipien 18
   b) Lage der Arbeitszeit 18
   c) Arbeitszeitgesetz 18
   d) Arbeitszeiterfassung 19
   e) Fazit 20

4. Home Office/Mobile Office und Reisezeiten 20
    a) Kundenbesuche 20
    b) Fahrten zum Betrieb bei alternierendem Home Office/Mobile Office 20
    c) Fahrten zum Betrieb bei obligatorischem Home Office/Mobile Office 21

5. Datenschutz im Home Office/Mobile Office 21
    a) Verantwortlichkeit des Arbeitgebers 21
    b) Besonders sensible Daten 22
    c) Dokumentation 23
    d) Verpflichtung auf das Datengeheimnis 23
    e) Zutrittsrecht 23
    f) Fazit 23

6. Schutz von Geschäftsgeheimnissen im Home Office 24
    a) Maßnahmen zur Sicherung von Geschäftsgeheimnissen 24
    b) Umgang mit besonders sensiblen Daten 25
    c) Fazit 25

7. Arbeitsschutz im Home Office/Mobile Office 25
    a) Vorgaben des ArbSchG 26
    b) Vorgaben der ArbStättV 26
    c) Gefährdungsbeurteilung 26
    d) Maßnahmen zum Arbeitsschutz 27
    e) Mitwirkungspflichten der Arbeitnehmer 28

8. Unfälle im Home Office/Mobile Office und Unfallversicherung 28
    a) Gesetzliche Unfallversicherung 28
    b) Home Office 28
    c) Mobiles Arbeiten 29
    d) Haftung des Arbeitgebers 29
    e) Unfälle, die nicht von der gesetzlichen Unfallversicherung gedeckt sind 30

9. Zugangsrecht 30

10. Haftung 31

11. Zustimmung des Vermieters 32

12. Zusätzlicher Gerichtsstand 32
    a) Gewöhnlicher Arbeitsort bei Home Office 32
    b) Wechselnder Arbeitsort bei mobiler Arbeit 33

13. Herausgabe von Arbeitsmitteln 33

14. Home Office und mobiles Arbeiten im Ausland 34
    a) Ausländerrecht 34
    b) Arbeitsrecht 34
    c) Sozialversicherungsrecht 34
    d) Steuerrecht 34
    e) Große Gefahr: Das eigenmächtige Home Office im Ausland 34

IV. Die Beendigung des Home Office 35

1. Einvernehmliche Maßnahmen 35
    a) Aufhebung des Arbeitsvertrages insgesamt 35
    b) Einvernehmliche Beendigung 35

c) Einvernehmliche Änderung des Vertragsinhalts 35
d) Formale Anforderungen 35

2. Automatisch eintretende Beendigung 36
a) Ablauf einer vereinbarten Befristung 36
b) Umzug des Arbeitnehmers 37

3. Einseitige Beendigung durch den Arbeitnehmer 38

4. Einseitige Beendigung durch den Arbeitgeber 38
a) Beendigung durch Ausübung des Direktionsrechts 38
b) Ausübung eines Widerrufsrechts 41
c) Kündigung durch den Arbeitgeber 41

V. Home Office und Beteiligung des Betriebsrats 43

1. Zuständigkeit des Betriebsrats 43

2. Mitbestimmung des Betriebsrats beim Home Office 43
a) Grenzen der Mitbestimmungsrechte beim Home Office 43
b) Beschränkung der Mitbestimmung in Eil- und Notfällen 44

3. Unterrichtungs- und Beratungsansprüche 44
a) Unterrichtungsanspruch gemäß § 80 Abs. 2 BetrVG 44
b) Unterrichtungs- und Beratungsanspruch gemäß § 90 BetrVG 44

4. Mitbestimmungsrechte in sozialen Angelegenheiten 45
a) Ordnungsverhalten § 87 Abs. 1 Nr. 1 BetrVG 45
b) Arbeitszeit nach § 87 Abs. 1 Nr. 2 BetrVG 45
c) Technische Einrichtungen nach § 87 Abs. 1 Nr. 6 BetrVG 46
d) Arbeitsschutz/Gesundheitsschutz gemäß § 87 Abs. 1 Nr. 7 BetrVG 47

5. Mitbestimmungsrechte des Betriebsrats in personellen Angelegenheiten 47
a) Unterrichtungs- und Mitbestimmungsrechte gemäß § 99 BetrVG 47
b) Mitbestimmungsrechte gemäß § 102 BetrVG 48

6. Mitbestimmung des Betriebsrats in wirtschaftlichen Angelegenheiten 48

VI. Der Betriebsrat im Home Office 49

1. Handlungsfähigkeit des Betriebsrats 49

2. Betriebsversammlungen 49

Muster 1: Betriebsvereinbarung 50

Muster 2: Zusatzvereinbarung 54

Muster 3: Gefährdungsbeurteilung Mobile Office 59

Muster 4: Hinweise zur Arbeitssicherheit im Mobile Office 60

Anmerkungen 62

I. Einführung

1. Bedeutung des Home Office in der Corona Krise

In der Corona-Krise hat die Nutzung von Home Office erheblich zugenommen. Bereits Ende März 2020 arbeiteten nach einer repräsentativen Kurzbefragung unter erwachsenen berufstätigen Internetnutzerinnen und -nutzern in Deutschland, 43 % der erwachsenen Berufstätigen zumindest ab und zu im Home Office.[1] Diese Zahlen dürften in den nachfolgenden Monaten noch deutlich gestiegen sein.

Auch wenn es sich bei der Corona-Krise um eine Ausnahmesituation handelt und wir im Jahr 2021 hoffentlich wieder ein Stück Normalität zurückgewinnen, dürfte die Bedeutung des Home Office in Zukunft eher zunehmen. Durch die Erfahrungen der vergangenen Monate hat das mobile Arbeiten bereits jetzt einen festen Platz in der Arbeitswelt gefunden.

2. Begriffsklärung/-abgrenzung

Zur Beschreibung der Situation, dass ein Arbeitnehmer seine Arbeitsleistung nicht im Betrieb des Arbeitgebers sondern ganz oder teilweise ortsungebunden erbringt, wird in der Praxis eine Vielfalt von Begrifflichkeiten verwendet. Gesetzliche Regelungen bestehen dazu – von einer Ausnahme abgesehen – bislang nicht.

HINWEIS Bislang existieren kaum gesetzliche Definitionen oder Regelungen rund um das Thema Home Office / Mobile Office. Die Vertragsparteien haben daher große Freiheiten bei der inhaltlichen Ausgestaltung. Umso wichtiger ist es, die möglichen Regelungsinhalte zu kennen und transparente Regeln zu schaffen.

a) Klassische Arbeitsorganisation

Die Besonderheit der mobilen Arbeit in all ihren Erscheinungsformen erklärt sich maßgeblich daraus, dass sie von der klassischen Form der Arbeitsorganisation in einem ganz erheblichen Punkt abweicht. Die klassische Arbeitsorganisation geht davon aus, dass sämtliche Tätigkeiten, die nicht zwingend außerhalb der Betriebsräumlichkeiten des Arbeitgebers durchgeführt werden müssen, im Betrieb des Arbeitgebers nach dessen Weisung verrichtet werden. Dieses Verständnis korreliert unmittelbar mit dem umfassenden Weisungsrecht des Arbeitgebers zu Art, Ort, Zeit und Inhalt der Erbringung der Arbeitsleistung. Dieses Weisungsrecht (und die damit unmittelbar verbundenen Kontrollen) kann der Arbeitgeber typischerweise innerhalb seiner eigenen Betriebsorganisation am einfachsten und effektivsten ausüben.

b) Klassische ortsungebundene Tätigkeiten

Daneben bestand schon immer die Notwendigkeit, Arbeitnehmer auch außerhalb der eigenen Betriebsräumlichkeiten einzusetzen. Dies betrifft zum Beispiel die Erbringung von Bau- oder Handwerkerleistungen, den Einsatz von Mitarbeitern im Außendienst oder den Einsatz diverser Berater, die häufig vor Ort bei Kunden tätig sind. Bei derartigen Tätigkeiten ergibt sich die Verpflichtung des Arbeitnehmers zur Verrichtung der Arbeitsleistung außerhalb der Betriebsräumlichkeiten des Arbeitgebers regelmäßig schon aus der Natur der vereinbarten Arbeitsleistung in Verbindung mit den jeweils konkretisierenden Weisungen des Arbeitgebers.

c) Dienstreise

Der Begriff der Dienstreise ist gesetzlich nicht definiert. Das BAG definiert die Dienstreise als Fahrt an einen Ort außerhalb der regulären Arbeitsstätte, an dem ein Dienstgeschäft zu erledigen ist. Sie setzt voraus, dass der Arbeitnehmer an dem anderen Ort eine Arbeitsleistung erbringen soll.[2] Die Durchführung einer Dienstreise muss nicht darauf beschränkt sein, am Zielort die angewiesenen Verrichtungen zu erledigen (bspw. einen Kunden zu besuchen). Häufig ist festzustellen, dass die dienstlich reisenden Mitarbeiter auch während des Reisens arbeiten (telefonieren, lesen, E-Mails bearbeiten, etc.).

Für die Vertragsgestaltung kommt es hier vor allem darauf an, dass der Arbeitgeber entweder aufgrund der Natur der vereinbarten Tätigkeit oder auf der Grundlage einer vertraglichen Regelung überhaupt berechtigt ist, dem Arbeitnehmer die Durchführung einer Dienstreise anzuweisen. Soweit dies der Fall ist, wird der Arbeitgeber regelmäßig kraft seines Weisungsrechts und ohne weitergehende vertragliche Vereinbarungen auch anweisen können, dass der Arbeitnehmer während seiner Reise bestimmte Arbeitsleistungen erbringt.

Eine Verpflichtung zur Erledigung von Dienstreisen besteht jedenfalls dann, wenn Dienstreisen typischerweise Teil der vertraglichen Tätigkeit sind oder im Arbeitsvertrag ausdrücklich eine entsprechende Verpflichtung des Arbeitnehmers vorgesehen ist. Im Zweifelsfalle ist es aus Sicht des Arbeitgebers ratsam, eine entsprechende Verpflichtung im Arbeitsvertrag festzulegen, um späteren Diskussionen vorzubeugen.

Die Verrichtung von Büroarbeiten während einer Dienstreise stellt kein „Mobile Office" im Sinne der weiteren Aufführungen dar. Zwar arbeitet auch dieser Mitarbeiter „mobil", aber anders als bei Mobile Office kann der Arbeitnehmer, der auf Weisung des Arbeitgebers während der Dienstreise Büroarbeiten erledigt, gerade nicht eigenständig über Arbeitsort, Arbeitsverteilung und Arbeitsinhalte entscheiden.

d) Telearbeit im Sinne der Arbeitsstättenverordnung

Den Begriff der Telearbeit hat der Gesetzgeber mit der Novellierung der Arbeitsstättenverordnung im November 2016 definiert. In § 2 Abs. 7 ArbStättV heißt es dazu:

„Telearbeitsplätze sind vom Arbeitgeber fest eingerichtete Bildschirmarbeitsplätze im Privatbereich der Beschäftigten, für die der Arbeitgeber eine mit dem Beschäftigten vereinbarte wöchentliche Arbeitszeit und die Dauer der Einrichtung festgelegt hat. Ein Telearbeitsplatz ist vom Arbeitgeber erst dann eingerichtet, wenn Arbeitgeber und Beschäftigte die Bedingungen der Telearbeit arbeitsvertraglich oder im Rahmen einer Vereinbarung festgelegt haben und die benötigte Ausstattung des Telearbeitsplatzes mit Mobiliar, Arbeitsmitteln einschließlich der Kommunikationseinrichtungen durch den Arbeitgeber oder eine von ihm beauftragte Person im Privatbereich des Beschäftigten bereitgestellt und installiert ist."

Die Legaldefinition ist im Kontext der Arbeitsstättenverordnung zu sehen. Die Regelung beschreibt, unter welchen Voraussetzungen der Arbeitgeber weitergehende Maßnahmen zum Schutz des Arbeitnehmers vor Gesundheitsgefahren zu treffen hat. Dies soll nach dem Willen des Gesetzgebers nur dann der Fall sein, wenn der Arbeitgeber auf Ausgestaltung und Nutzung des Telearbeitsplatzes maßgeblich Einfluss nehmen kann.

Der Regelung ist jedoch keineswegs zu entnehmen, dass es für die Einrichtung der verschiedenen Formen mobilen Arbeitens erforderlich wäre, dass Dauer und Umfang der Nutzung vertraglich festgelegt

werden und dass der Arbeitgeber den Arbeitnehmer mit Technik und sonstiger Büroausstattung versorgt. Den Vertragsparteien steht es frei, beliebige Formen der Erbringung der Arbeitsleistung außerhalb der Betriebsräumlichkeiten des Arbeitgebers auch jenseits der Inhalte von § 2 Abs. 7 ArbStättV zu vereinbaren. Bei abweichenden Gestaltungen handelt es sich dann eben nicht um einen Telearbeitsplatz im Sinne der Arbeitsstättenverordnung.

e) Telearbeit, umgangssprachlich

Der Begriff „Telearbeit" wird häufig umgangssprachlich auch außerhalb der Definitionsmerkmale von § 2 Abs. 7 ArbStättV als Oberbegriff für sämtliche Formen ortsungebundener Tätigkeiten außerhalb der Betriebsräumlichkeiten des Arbeitgebers unter Einsatz von Telekommunikationsmitteln verwendet. Bei dieser Verwendung der Begrifflichkeit stellen die Gestaltungsformen „Home Office" und „mobile office" oftmals Unterformen dieses Oberbegriffs dar.

f) Home Office

Der Begriff Home Office ist gesetzlich nicht definiert und ausschließlich umgangssprachlich geprägt. Der Begriff beschreibt die Situation, dass ein Arbeitnehmer zumindest einen Teil seiner Arbeitsleistung – typischerweise Bürotätigkeiten – von seiner Wohnung aus erbringt. Da es den Vertragsparteien freisteht, Umfang und Verteilung der Arbeitsleistung im Home Office zu vereinbaren, sind alle Gestaltungen von vereinzelter, anlassbezogener Home Office-Tätigkeit über eine verstetigte, teilweise Home Office-Tätigkeit bis hin zu einem dauerhaften und ausschließlichen Einsatz im Home Office in der Praxis anzutreffen.

Inhaltlich kann eine Tätigkeit im Home Office zusammentreffen mit klassischen ortsungebundenen Tätigkeiten. So ist es bei klassischen Außendienstlern oder Unternehmensberatern, die einen Großteil ihrer Arbeitszeit ohnehin „mobil" verrichten, durchaus üblich, dass diese – gerade wenn sie räumlich weit entfernt vom Betriebssitz eingesetzt sind – ihre Büro- und Organisationsaufgaben von einem Home Office aus verrichten.

Dabei können die Begriffe Home Office und Telearbeitsplatz deckungsgleich sein, nämlich dann, wenn die Parteien aus Anlass der Tätigkeit im Home Office eine Vereinbarung nach Maßgabe von § 2 Abs. 7 ArbStättV getroffen haben und der Arbeitgeber das Home Office des Arbeitnehmers entsprechend den Vorgaben dieser Regelung technisch ausgestattet hat. Eine derartige Deckungsgleichheit ist jedoch nicht erforderlich. Ein Home Office kann auch bestehen, ohne dass der Arbeitgeber dort technische

Gerätschaften installiert bzw. ohne dass die Parteien Vereinbarungen iSv § 2 Abs. 7 ArbStättV treffen.

Auch ist der Einsatz von Telekommunikationseinrichtungen, wie es § 2 Abs. 7 ArbStättV für den Telearbeitsplatz voraussetzt, zwar regelmäßig üblich, keineswegs aber eine zwingende Voraussetzung für die Existenz eines Home Offices. Falls die vertragsgemäße Arbeitsleistung die Verwendung von Telekommunikationseinrichtungen nicht erfordert, kann ein Home Office auch ohne Vorhandensein derartiger Einrichtungen ausgestaltet werden.

g) Mobiles Arbeiten, Mobile Office

Mit dem Begriff Mobiles Arbeiten (Mobile Office) werden Organisationsformen beschrieben, die zunächst dadurch charakterisiert sind, dass die ansonsten eigentlich erforderliche physische Anwesenheit des Arbeitnehmers im Betrieb ganz oder teilweise aufgehoben ist.[3] Der Unterschied zum Home Office besteht auf den ersten Blick darin, dass der Arbeitnehmer die Arbeiten nicht zwingend von einer Arbeitsstätte in seiner Wohnung verrichtet. Vor allem aber ist das typische mobile Arbeiten dadurch gekennzeichnet, dass der Arbeitnehmer autark und frei von Weisungen darüber entscheiden kann, wo er seine Arbeitsleistung erbringt (sog. „Vertrauensarbeitsort"). Damit einher geht meist auch eine erhebliche Gestaltungsfreiheit zur zeitlichen und inhaltlichen Verteilung der Arbeit.[4]

Dabei sind die unterschiedlichsten Ausprägungen hinsichtlich der Auswahl der denkbaren Arbeitsorte und der Verteilung der einzelnen Tätigkeiten auf die verschiedenen Arbeitsorte denkbar. Zwischen den Extremformen, einer vollständigen Freistellung von Arbeitsort und -verteilung bis hin zu detaillierten Arbeitsanweisungen des Arbeitgebers dazu, welche Arbeitsleistung wann von wo aus zu erledigen ist, sind in der Praxis alle denkbaren Spielarten anzutreffen. Dies gilt auch für die zeitliche Verteilung zwischen der Anwesenheit im Betrieb und der mobilen Arbeit, wobei in der Praxis häufiger Gestaltungen anzutreffen sind, in denen den Arbeitnehmern nur für einen begrenzten Teil ihres Arbeitsvolumens (beispielsweise für einen Tag in der Woche) freigestellt ist, ihre Arbeit mobil zu erbringen.

Mobile Arbeit und Telearbeit iSv § 2 Abs. 7 ArbStättV schließen sich regelmäßig gegenseitig aus, da es bei der Verrichtung der Arbeit an einem vom Arbeitgeber in der Wohnung des Arbeitnehmers fest eingerichteten Arbeitsplatzes typischerweise an der „Mobilität" fehlen würden. Telearbeit und mobiles Arbeiten können aber nebeneinander stattfinden, wenn nämlich der Arbeitnehmer einen Teil seiner Arbeitsleistung in einem vom Arbeitgeber eingerichteten Home Office und einen anderen Teil mobil verrichtet.

HINWEIS In Ermangelung gesetzlicher Regelungen sind für die Gestaltung mobilen Arbeitens alle denkbaren Ausformungen und Varianten möglich. Wichtig ist daher, dass die Vertragsparteien im Voraus festlegen, in welchem Umfang und unter welchen konkreten Umständen die mobile Arbeit stattfinden soll, um spätere Auseinandersetzungen zu vermeiden.

3. Corona Office

Seit Beginn der Corona-Krise hat sich eine besondere Ausgestaltung mobiler Tätigkeit etabliert, die von den üblichen Gestaltungsformen teils erheblich abweicht und umgangssprachlich als „Corona Office" tituliert wird. Darunter lassen sich sämtliche Gestaltungsformen fassen, in denen Arbeitnehmer ganz oder teilweise und mehr oder weniger planmäßig und (un-)strukturiert versuchen, zumindest Teile ihrer Arbeitsleistung von einem behelfsmäßig eingerichteten Home Office aus zu verrichten.

Anlässe und Gestaltungsformen sind mannigfaltig. Als Ursache auf Arbeitgeberseite kommen behördliche Betriebsschließungen ebenso in Betracht wie eine vorsorgliche Dezentralisierung zur Verringerung von Ansteckungsrisiken und damit zur Sicherung einer möglichst störungsfreien Aufrechterhaltung des Betriebs. Häufig sind diese Maßnahmen dem Versuch geschuldet, die Mitarbeiter trotz behördlich angeordneter Quarantäne-Maßnahmen oder während der zwangsweisen Schließung von Schulen, Kindergärten und Kitas mit sich daraus ergebenden familiären Verpflichtungen weiterhin zumindest teilweise einsetzen zu können.

Das größte Fehlverständnis von Sinn und Zweck der Verrichtung der Arbeitsleistung im Home Office hat dabei der Gesetzgeber selbst im Zuge der Schaffung des neuen Entschädigungsanspruchs in § 56 Abs. 1a IfSG offenbart: Mit dem in aller Eile in das Gesetz eingefügten § 56 Abs. 1a IfSG wird Eltern ein Entschädigungsanspruch eingeräumt, wenn sie bedingt durch die Schließung von Schulen oder Kindergärten ihren Arbeitsverpflichtungen nicht mehr nachkommen können und dementsprechend Einkommenseinbußen erleiden. Ausweislich der Gesetzesbegründung[5] soll der Entschädigungsanspruch jedoch nicht bestehen, wenn der Arbeitnehmer seine Arbeit im Home Office verrichten kann(!). Hier zeigt sich ein grobes Missverständnis von Sinn und Inhalt eines Home Offices: selbst wenn die fragliche Tätigkeit als solche grundsätzlich auch von einem

Home Office aus erledigt werden könnte, ist es keineswegs fernliegend, dass der Arbeitnehmer seine Arbeit unter Hinzunahme der Verpflichtungen, die sich aus der Kinderbetreuung ergeben (gerade bei kleineren Kindern oder bei der Erforderlichkeit von Homeschooling) gerade nicht mehr wird vertragsgemäß verrichten können.

Ungeachtet dieser Verirrung des Gesetzgebers ist zu beobachten, dass Arbeitgeber, Arbeitnehmer und Betriebsräte bei der Einführung und Ausgestaltung von Corona-Offices eine erfreuliche Flexibilität zeigen. Arbeitnehmer zeigen sich ohne lange Diskussion bereit, ihre Arbeit auch unter improvisierten Umständen von zuhause aus zu erledigen. Umgekehrt gewähren Arbeitgeber ihren Arbeitnehmern oftmals bereitwillig Gelegenheit, auch über längere Zeiträume hinweg von zuhause aus zu arbeiten, um auf diese Weise berufliche und familiäre Verpflichtungen zu verbinden und dies sogar in dem Wissen, dass die Mitarbeiter ihre Arbeitsleistung in Anbetracht der privaten Verpflichtungen wohl kaum vollständig erbringen können. Im Gegenzug wiederrum bemühen sich die Mitarbeiter größtenteils, ihren Verpflichtungen bestmöglich gerecht zu werden und erledigen ihre Arbeiten oftmals weit außerhalb der sonst üblichen Arbeitszeiten.

Die betrieblichen IT-Abteilungen erbringen Höchstleistungen, um kurzfristig trotz beschränkter Verfügbarkeiten entsprechende Gerätschaften zu beschaffen und zu konfigurieren oder um die privaten Arbeitsgerätschaften der Mitarbeiter bestmöglich an die Systeme anzubinden. Bislang nur gelegentlich genutzte Organisationsformen für die Zusammenarbeit der Mitarbeiter wie beispielsweise Videokonferenzen erfreuen sich eines ungeahnten Zulaufs.

Vertragliche Vereinbarungen oder Betriebsvereinbarungen werden für diese Ad-hoc-Maßnahmen eher selten und wenn meist erst im Nachgang abgeschlossen. Es bleibt zu hoffen, dass die Rückabwicklung des derzeitigen Ausnahmezustands und die Rückkehr zur Normalarbeit mit ebenso viel Pragmatismus und Vernunft erfolgen werden.

4. Vor- und Nachteile

Letztlich ist die Bewertung nur aus einer Gesamtschau der fraglichen Tätigkeiten, der individuellen Anforderungen und Prioritäten auf Arbeitgeber- und Arbeitnehmerseite sowie den technischen und persönlichen Möglichkeiten und Fähigkeiten der Akteure auf beiden Seiten abzuleiten. Dabei lässt sich feststellen, dass die meisten in diesem Zusammenhang diskutierten Argumente ambivalent sind.

Als Vorteil einer mobilen Arbeitsgestaltung werden zum Beispiel die höhere Flexibilität und die bessere Vereinbarkeit von Beruf und Familie für den Arbeitnehmer beschrieben. Dabei kann Flexibilität aber auch bedeuten, dass der Mitarbeiter sich viel flexibler auch seinen privaten Belangen hingeben kann und der Vorteil der besseren Vereinbarkeit von Familie und Beruf impliziert beinahe schon, dass man die Arbeiten gelegentlich unterbricht, um sich seinen familiären Verpflichtungen zuzuwenden. Ob dies für den Arbeitnehmer stets von Vorteil ist, sei einmal dahingestellt. So mag es natürlich ein Vorteil sein, wenn das Arbeiten daheim die Möglichkeit bietet, mittags das Kind aus dem Kindergarten abzuholen. Ob es dann aber tatsächlich so vorteilhaft für den Arbeitnehmer ist, daheim arbeiten zu müssen, während ein (kleines) Kind Aufmerksamkeit und Bestätigung des Elternteils sucht, ist eine andere Frage.

Ganz ähnlich verhält es sich mit dem höheren Maß an Selbstbestimmung. Mit der Möglichkeit zu vermehrter Selbstbestimmung geht gerade bei einem dauerhaften Arbeiten außerhalb der betrieblichen Arbeitsorganisation auch die Notwendigkeit einher, sich effizient selbst zu organisieren. Wer dazu nicht in der Lage ist, wird das Arbeiten daheim eher als großes Chaos empfinden und möglicherweise an der Erledigung seiner Aufgaben scheitern. Ebenso ist die Möglichkeit, Berufliches und Privates parallel erledigen zu können, Chance und Risiko zugleich. Wer es nicht schafft, sich zumindest abschnittsweise während der Tätigkeit im Home Office erfolgreich von seinem Privatleben abzugrenzen, wird die Nähe zum Privatleben nicht als Genuss, sondern als große Belastung empfinden und möglicherweise nur unnötige Auseinandersetzungen mit seinen Familienmitgliedern provozieren. Die mit der räumlichen Nähe von Privatleben und Arbeit und der praktisch uneingeschränkten Möglichkeit, sich jederzeit seiner Arbeit zuzuwenden einhergehende Entgrenzung[6] wird ihren Teil zu diesen Folgen beitragen.

Bei exzessiver Nutzung mobiler Organisationsformen gelingt es dem Arbeitgeber möglicherweise, Kosten für statische Büroarbeitsplätze einzusparen. Nicht zu unterschätzen sind jedoch zusätzliche Kosten für Technik und IT Sicherheit und ein deutlich Höherer Aufwand zur Koordinierung aller Mitarbeiter.

HINWEIS Die möglichen Vor- und Nachteile der verschiedenen Formen des mobilen Arbeitens hängen von der Art der Arbeitsleistung, den jeweiligen Prioritäten und Erwartungen, den Eigenheiten der beteiligten Akteure und vielen weiteren Umständen ab. Es ist ratsam, für jede Konstellation ergebnisoffen zu hinterfragen, ob überhaupt und wenn unter welchen konkreten Umständen eine mobile Organisationsform beiderseits interessengerecht ist. Diese Erkenntnisse sollten dann soweit möglich und erforderlich auch in den entsprechenden Vereinbarungen zwischen den Parteien niedergelegt werden.

Die Einführung von Home Office/Mobile Office geht naturgemäß mit einem gewissen Kontrollverlust auf Seiten des Arbeitgebers einher. Eine exakte physische Kontrolle der Arbeitsleistung vor Ort dürfte jedenfalls bei der Arbeit im Home Office eine natürliche Beschränkung in den Grenzen des Betretungsrechts erfahren und heimliche Beobachtungen durch die Gartenhecke werden nicht nur ob ihrer begrenzten Aussagekraft sondern regelmäßig auch mangels Sozialadäquanz nicht zum Standardrepertoire zählen. Technische Überwachung findet ihre Grenze jedenfalls bei Bestehen eines Betriebsrats in der Mitbestimmung nach § 87 Abs. 1 Nr. 6 BetrVG.

Regelmäßig kommt der Führung der im Home Office/Mobile Office arbeitenden Mitarbeiter eine gesteigerte Bedeutung zu. Die räumliche Trennung führt nur allzu leicht auch zu einer inhaltlichen oder motivatorischen Trennung. Umso wichtiger ist es, dass die jeweiligen Führungskräfte in Abhängigkeit von den jeweiligen Arbeitsinhalten den betreffenden Mitarbeitern ganz konkrete Aufgaben übertragen, jede Aufgabe mit genauen Zeitvorgaben verbinden und die Arbeitsergebnisse in regelmäßigen telefonischen oder virtuellen (Team-) Besprechungen überprüfen.

HINWEIS Ob die Einführung von Home Office/Mobile Office erfolgreich ist, hängt ganz wesentlich davon ab, ob die jeweiligen Vorgesetzten über die erforderlichen Fähigkeiten zur der Führung ihrer Mitarbeiter verfügen. Ggf: sollten Führungskräfte explizit für die Führung von im Home Office/Mobile Office tätigen Mitarbeitern geschult werden.

II. Rechtsgrundlagen

Das deutsche Arbeitsrecht ist wie wenige andere Rechtsbereiche durch eine ausgesprochene Vielfalt von Rechtsquellen geprägt. Nicht selten müssen kollidierende Regelungen auf unterschiedlichen Regelungsebenen miteinander in Einklang gebracht werden. Auch für das Thema Home Office und mobiles Arbeiten können Regelungen auf unterschiedlichen Hierarchie-Ebenen relevant sein.

Zu beachten ist dabei, dass alle Formen mobiler Arbeit aus Sicht beider Vertragsparteien als Recht, aber auch Verpflichtung betrachtet werden können.

1. Kein gesetzlicher Anspruch auf Home Office

Aus nationalem Recht haben Arbeitnehmer bislang keinen Anspruch darauf, ganz oder teilweise in einem Home Office oder in einer anderen Form des mobilen Arbeitens beschäftigt zu sein. Die Bundesregierung – insbesondere der aktuelle Bundesminister für Arbeit und Soziales *Hubertus Heil* – wirbt derzeit für die Schaffung eines gesetzlichen Anspruchs auf Arbeit im Home Office. Einen ersten Gesetzentwurf aus dem Bundesministerium für Arbeit und Soziales, der unter anderem einen Anspruch auf 24 Tage Home Office für Arbeitnehmer in Vollzeit vorgesehen hätte, hat das Bundeskanzleramt wenige Tage nach Bekanntwerden gestoppt. Damit dürfte jedenfalls für die laufende Legislaturperiode geklärt sein, dass allenfalls gesetzliche Regelungen zur Ausgestaltung einzelner Arbeitsbedingungen rund um das Thema Home Office/Mobiles Arbeiten geschaffen werden, nicht aber

ein grundlegender Anspruch auf Home Office. Es ist anzunehmen, dass das Thema im Wahlkampf für die anstehenden Bundestagswahlen akut werden wird.

Mit der Einführung eines grundsätzlichen Anspruchs auf Home Office würde die rechtliche Systematik des Arbeitsverhältnisses als solches ganz erheblich in Frage gestellt werden. Seit Jahrzehnten gilt in Lehre und Rechtsprechung als gesichert, dass das Arbeitsverhältnis gerade dadurch geprägt wird, dass der Arbeitnehmer seine Tätigkeit in persönlicher Abhängigkeit verrichtet.[7] Erst vor wenigen Jahren hat der Gesetzgeber dies mit dem neu ins Gesetz eingeführten § 611a BGB bestätigt. § 611a Abs. 1 S. 2 BGB regelt ausdrücklich: *„Das Weisungsrecht kann Inhalt, Durchführung, Zeit und Ort der Tätigkeit betreffen."* Mit der Einführung eines Rechts auf Home Office würde das Weisungsrecht des Arbeitgebers im Hinblick auf den Ort der Arbeitsleistung erheblich eingeschränkt bzw. teilweise abgeschafft. Ein wesentliches Abgrenzungskriterium zwischen Arbeitsverhältnissen und freien Dienstverhältnissen, nämlich die Frage, ob der zur Dienstleistung Verpflichtete seinen Arbeitsort frei bestimmen kann oder ob er diesbezüglich Weisungen des Arbeitgebers unterliegt, würde aufgegeben.

2. Anspruch in Zeiten von Corona

Am 16.4.2020 haben Bundesarbeitsminister *Hubertus Heil* und der DGUV Hauptgeschäftsführer Dr. *Stefan Hussy* den neuen SARS-CoV-2-Arbeitsschutzstandard vorgestellt.[8] Unter II. ist dort als Ziffer 6 „Home Office" Folgendes geregelt:

„Büroarbeiten sind nach Möglichkeit im Home Office auszuführen, insbesondere, wenn Büroräume von mehreren Personen mit zu geringen Schutzabständen genutzt werden müssten."

Ob aus dieser Regelung ein Anspruch des einzelnen Arbeitnehmers gegen den Arbeitgeber auf Gestattung der Leistungserbringung im Home Office abgeleitet werden kann, ist angesichts des unklaren Rechtscharakters[9] der Regelung weiter ungeklärt. Gänzlich ausgeschlossen erscheint dies nicht. Schon aus der Fürsorgepflicht ist der Arbeitgeber verpflichtet, die Rahmenbedingungen so zu gestalten, dass Risiken für die Arbeitnehmer bestmöglich vermieden werden.[10] Im Grundsatz obliegt die Entscheidung, wie er seinen Verpflichtungen aus § 618 BGB gerecht wird und sie ermessensgerecht durch entsprechende Ausübung seines Leistungsbestimmungsrechtes umsetzt, allein dem Arbeitgeber. Dies spricht eher gegen einen einklagbaren Anspruch auf Home Office.[11]

Neue Erkenntnisse zu einem etwaigen Anspruch auf Home Office in Zeiten von Corona ergeben sich auch nicht aus der am 20.8.2020 vorgestellten SARS-CoV-2-Arbeitsschutzregel.[12] Ausweislich Ziff. 4 wird der SARS-CoV-2-Arbeitsschutzstandard dadurch nicht etwa aufgehoben. Die SARS-CoV-2-Arbeitsschutzregel versteht sich vielmehr als Konkretisierung des SARS-CoV-2-Arbeitsschutzstandards, was wiederum im Hinblick auf die zweifelhafte Rechtsqualität des SARS-CoV-2-Arbeitsschutzstandards erhebliche Folgefragen aufwirft. Die Frage, ob in Fällen, in denen die Arbeitsleistung ohne erkennbare Nachteile für den Arbeitgeber auch im Home Office erledigt werden könnte, der Entscheidungsspielraum des Arbeitgebers unter dem Gesichtspunkt der Fürsorgepflicht dahingehend reduziert ist, dass dem Arbeitnehmer die Arbeitsleistung im Home Office zu gestatten ist, wird die Gerichte in den kommenden Monaten daher wohl noch öfters beschäftigen.

3. Regelungen in Tarifverträgen

Tarifverträge sehen bislang – von gegebenenfalls branchenspezifischen Besonderheiten abgesehen – keine Ansprüche auf die Gewährung von Home Office vor. Im Windschatten der aktuellen politischen Debatte haben allerdings einige Gewerkschaften Rahmenregelungen zur Ausgestaltung möglicher Formen mobilen Arbeitens geschaffen, darunter beispielsweise die IG Metall und Verdi. Inhaltlich beschränken sich diese Regelungen bislang im Wesentlichen darauf, den Schutz der Arbeitnehmer bei der Arbeitsplatzgestaltung, bei der Gestaltung der Arbeitszeit und in datenschutzrechtlichen Angelegenheiten zu beschreiben.

4. Betriebsvereinbarung

Abgesehen von den möglichen Folgen des aktuellen SARS-CoV-2-Arbeitsschutzstandards haben Betriebsräte bislang kein Initiativrecht hinsichtlich der Einführung von Home Office und anderen Formen mobilen Arbeitens. Mangels entsprechender gesetzlicher Regelung und mit Rücksicht auf die verfassungsrechtlich geschützte Unverletzlichkeit der Wohnung hätten die Betriebsparteien auch keine Regelungsbefugnis, mit Wirkung zugunsten und zulasten der Arbeitnehmer Home Office einzuführen.[13]

5. Der Arbeitsvertrag

Regelmäßig finden sich Vereinbarungen zum Arbeitsort und damit auch zu der Frage, ob die Arbeitsleistung im Betrieb, vor Ort bei Kunden, ganz oder teilweise in einem Home Office, mobil oder in weiteren Gestaltungsformen erbracht werden soll im Arbeitsvertrag. Dabei können die entsprechenden Details bereits bei der Begründung des Arbeitsvertrages oder zu einem späteren Zeitpunkt durch Änderungsvertrag zum Bestandteil des Vertragsverhältnisses gemacht werden.[14]

Für den Abschluss von Arbeitsverträgen oder Änderung gilt von Gesetzes wegen kein Schriftformerfordernis (sieht man von den nachgelagerten Verpflichtungen aus dem Nachweisgesetz ab). Dementsprechend können grundsätzlich auch Fragen zum Arbeitsort, insbesondere zum mobilen Arbeiten in allen denkbaren Formen auch durch mündliche Abreden oder schlüssiges Verhalten geregelt werden. Wegen der unterschiedlichen Ausgestaltungsmöglichkeiten und der sich daraus ganz individuell ergebenden Rechtsfolgen für die Rechtsstellung des Arbeitnehmers und für eine etwaige spätere Beendigung dieser Vereinbarung ist der Arbeitgeber regelmäßig gut beraten, den Inhalt der Vereinbarung zu Beweiszwecken eindeutig festzuhalten.

HINWEIS Auch wenn für den Vertragsschluss oder eine Vertragsänderung keine gesetzlichen Formerfordernisse bestehen, ist es für den Arbeitgeber ratsam, den genauen Inhalt einer Vereinbarung zum Home Office/mobilen Arbeiten in Textform, besser noch in Schriftform festzuhalten, um später nicht in Beweisschwierigkeiten zu geraten.

6. Weisungsrecht

Schließlich kommt in Betracht, dass der Arbeitgeber durch Ausübung seines Weisungsrechts aus § 106 GewO für den Arbeitnehmer die (vorübergehende) Verpflichtung schaffen kann, seine Arbeit mobil außerhalb des Betriebs oder ggf. von einem Home Office aus zu erledigen.[15]

III. Rechtslage im Home Office

1. Schaffung und Gestaltung mobiler Arbeitsformen

Die inhaltliche Ausgestaltung mobiler Arbeit kann stark variieren. Hier reicht die Bandbreite von der Einrichtung eines Telearbeitsplatzes bis hin zur Gestattung völlig mobiler Formen der Leistungserbringung ohne jegliche Konkretisierungen durch den Arbeitgeber.[16]

Ebenso grundlegende Unterschiede sind anzutreffen hinsichtlich der Frage, ob – und wenn ja in welchem Umfang – dem Arbeitnehmer mit der betreffenden Regelung ein Anspruch darauf eingeräumt wird, mobil oder vom Home Office aus tätig zu sein, ob derartige Arbeitsformen erst nach weiterer Abstimmung zwischen den Vertragsparteien im Einzelfall stattfinden sollen oder gegebenenfalls nur auf Basis konkreter Weisungen des Arbeitgebers.

Vor allem aber – und dieser Aspekt wird bei der Einführung mobiler Arbeitsformen häufig übersehen – hat die Art und Weise der Einrichtung der mobilen Arbeitsform maßgeblichen Einfluss darauf, ob und wie der Arbeitgeber die mobile Arbeitsform bei Bedarf wieder beenden kann. Ist vertraglich ein „Recht auf Home Office" vereinbart, ist die Rückgängigmachung dieses Zustands – wenn überhaupt – rechtlich deutlich aufwendiger, als wenn die Parteien nur vereinbart haben, dass der Arbeitgeber im Bedarfsfall berechtigt ist, den Arbeitnehmer zu bitten, seine Arbeit von daheim aus zu erledigen.[17]

> **HINWEIS**
> Die zentralen Weichenstellungen für die Beantwortung der Frage, wie eine einmal eingerichtete mobile Arbeitsform später wieder rückgängig gemacht werden kann, werden daher zum Großteil nicht bei der Formulierung einer besonders geschickten Beendigungsregelung, sondern bei der Ausgestaltung der Einrichtung dieser mobilen Arbeitsform getätigt.

a) Home Office/Mobile Office als „Recht" des Arbeitnehmers

Mobile Arbeitsformen können dergestalt vereinbart werden, dass der Arbeitnehmer teilweise oder ausschließlich berechtigt ist, seine Arbeitsleistung mobil oder aus seinem Home Office heraus zu erbringen.

aa) Ausschließliche Tätigkeit im Home Office/ Mobile Office

In manchen Fällen sind Gestaltungen anzutreffen, in denen ausdrücklich vereinbart ist, dass der Arbeitnehmer berechtigt ist, seine Arbeitsleistung ausschließlich mobil oder aus seinem Home Office heraus zu verrichten („obligatorisches Home Office/ Mobile Office"). Derartige Vereinbarungen tragen meist besonderen Umständen Rechnung.

Klassische Formulierungen für eine ausschließliche Tätigkeit im Home Office/Mobile Office lauten beispielsweise wie folgt:

> *„Als ausschließlicher Tätigkeitsort wird das Home Office des Mitarbeiters vereinbart."*

oder

> *„Der Mitarbeiter erbringt seine Leistungen ausschließlich von dem an seinem Wohnsitz eingerichteten Home Office aus."*

oder, für Mobile Office:

> *„Der Arbeitnehmer ist in der Wahl seines Arbeitsortes frei. Eine Verpflichtung zur Erbringung der Arbeitsleistung am Betriebssitz des Arbeitgebers besteht nicht."*

oder zur Einrichtung eines Mobile Offices mit bestimmten inhaltlichen Anforderungen:

> *„Der Arbeitnehmer ist in der Bestimmung seines Arbeitsortes frei, wobei der vom Arbeitnehmer zu wählende Arbeitsort folgenden Mindestanforderungen genügen muss: (telefonische Erreichbarkeit, Internetanbindung, etc.)."*

Der Arbeitgeber muss sich bewusst sein, dass er mit einer derartigen Vertragsgestaltung einen erheblichen Teil seines Direktionsrechts – nämlich sein Recht zur Erteilung von Weisungen hinsichtlich des Arbeitsorts – aufgibt.

> **HINWEIS**
> Auch bei der umfassenden Vereinbarung von Home Office oder mobiler Arbeit hat der Arbeitgeber regelmäßig ein berechtigtes Interesse daran, dass der betreffende Mitarbeiter zu bestimmten Anlässen die Arbeitsleistung auch an anderen Arbeitsorten, namentlich im Betrieb oder bei Kunden, erbringt. Dies sollte ausdrücklich vereinbart werden.

Typische Formulierungen lauten wie folgt:

> *„Der Arbeitnehmer erklärt sich bereit, sich einmal wöchentlich nach näherer Weisung des Arbeitgebers am Betriebssitz zu einer Teambesprechung einzufinden."*

oder

> *„Der Mitarbeiter erklärt sich bereit, in erforderlichen Umfang Dienstreisen zu Kunden durchzuführen."*

bb) Alternierende Einsatzformen

Ein Anspruch des Arbeitnehmers auf mobile Arbeit bzw. Tätigkeit im Home Office kann auch dergestalt vereinbart sein, dass der Arbeitnehmer nur einen Teil seiner Arbeitsleistung mobil oder aus seinem Home Office aus erbringt und die restliche Arbeitszeit entweder am Betriebssitz des Arbeitgebers oder an anderen Arbeitsorten (bei Kunden, im Außendienst, etc.) erbringt. Im Hinblick auf einen in diesem Zusammenhang zugunsten des Mitarbeiters vereinbarten Anspruch auf Home Office/Mobile Office gilt das vorstehend unter aa. Beschriebene.

> *„Der Mitarbeiter wird seine Arbeitsleistung von Montag bis Mittwoch einer jeden Woche von seinem Home Office aus erbringen. Für die Tage Donnerstag und Freitag einer jeden Woche wird als Arbeitsort der Betriebssitz des Arbeitgebers festgelegt."*

oder

> *„Der Arbeitnehmer ist berechtigt, seine Arbeitsleistung an zwei Tagen pro Woche von einem von ihm frei auszuwählenden Arbeitsort aus zu erbringen. Bei der Auswahl der Arbeitstage hat der Arbeitnehmer Rücksicht auf die betrieblichen Belange zu nehmen. An den restlichen Arbeitstagen ist die Arbeitsleistung im Betrieb des Arbeitgebers zu erbringen."*

b) Home Office/Mobile Office als Rahmenvereinbarung unter dem Vorbehalt einzelfallorientierter Abstimmung

Wenn die Verhandlungsposition des Arbeitnehmers in Hinblick auf ein „Recht auf Home Office" etwas weniger stark ist und auch das Interesse des Arbeitgebers nicht dahin geht, den Arbeitnehmer dauerhaft aus einem Home Office arbeiten zu lassen, bietet es sich an, zunächst nur im Sinne einer Rahmenregelung die äußeren Bedingungen für eine etwaige Arbeit im Home Office bzw. von einem mobilen Arbeitsort aus zu vereinbaren, ohne dass damit dem Arbeitnehmer ein Recht eingeräumt wird, in einem bestimmten Umfang im Home Office bzw. mobil zu arbeiten. Die konkrete Gestattung des mobilen Arbeitens bzw. Arbeitens im Home Office ist dann von einer Abstimmung zwischen den Parteien bzw. Genehmigung durch den Arbeitgeber im Einzelfall abhängig.

Auf diese Weise muss die Existenz der Rahmenregelung den Arbeitgeber zunächst nicht sonderlich belasten und die rechtlich durchaus interessante Frage, ob und auf welche Weise eine derartige Rahmenvereinbarung später wieder beseitigt werden kann, hat kaum Einfluss darauf, ob der Arbeitnehmer tatsächlich im Home Office tätig ist oder nicht.

Eine derartige Regelung könnte wie folgt lauten:

> *„Arbeitgeber und Arbeitnehmer vereinbaren, dass der Arbeitnehmer, soweit betriebliche Belange dem nicht entgegen stehen, jeweils nach vorheriger ausdrücklicher Genehmigung des jeweiligen Vorgesetzten im Umfang von bis zu einem Tag pro Woche seine Arbeitsleistung aus seinem Home Office (oder: von einem von ihm frei zu wählenden Arbeitsort) aus erbringen kann."*

c) Zusatzvereinbarung Home Office wegen Corona

Zur Bewältigung der aktuellen Herausforderungen werden viele Arbeitgeber eine belastbare Grundlage benötigen, um bei entsprechendem Bedarf die Erledigung von Arbeiten im Home Office anzuordnen. Diese Grundlage kann durch eine entsprechende Zusatzvereinbarung geschaffen werden.

Der Kern einer derartigen Regelung könnte wie folgt lauten:

> *„Der Arbeitnehmer erklärt sich bereit, auf nähere Weisung des Arbeitgebers seine Arbeitsleistung vollständig oder teilweise auch von seinem Home Office aus zu erbringen."*

Ergänzend wären nach Bedarf die weiteren Details zur Arbeitsleistung im Home Office (Erreichbarkeit, Arbeitszeiten, Gestellung von Gerätschaften, Geheimhaltung, usw., sowie eine etwaige zeitliche Beschränkung zu Gunsten des Arbeitnehmers für die Dauer des aktuellen Krisenszenarios zu regeln.

d) Vertragliche Abreden zur Aufrechterhaltung/Erweiterung des Direktionsrechts

Es entspricht der Natur des Arbeitsverhältnisses, dass dem Arbeitgeber ein Weisungsrecht hinsichtlich des Orts der Arbeitsleistung zusteht. Das Weisungsrecht des Arbeitgebers wird nicht dadurch ausgeschlossen, dass der Arbeitnehmer über längere Zeit immer am gleichen Ort beschäftigt war und der Arbeitgeber das Weisungsrecht bzgl. des Arbeitsortes bis dahin nicht ausgeübt hat.[18] Das Weisungsrecht des Arbeitgebers zum Ort der Arbeitsleistung unterliegt gewissen Beschränkungen, insbesondere muss der Arbeitgeber bei der Ausübung des Weisungsrechts die Grundsätze des billigen Ermessens einhalten.[19] Bei der Ausübung des billigen Ermessens ist eine Abwägung der wechselseitigen Interessen unter Beachtung der Verhältnismäßigkeit, der Verkehrssitte, der Zumutbarkeit sowie der konkreten Umstände des Einzelfalles vorzunehmen.[20]

Mit den heutzutage üblichen Vertragsformulierungen zu Tätigkeitsinhalt, Verteilung der Arbeitszeit, Arbeitsort, etc. bewirken die Vertragsparteien regelmäßig eine erhebliche Einschränkung des arbeitgeberseitigen Weisungsrechts.[21] Das Weisungsrecht besteht in der Folge nur noch innerhalb des durch die vertraglichen Vereinbarungen vorgegebenen Rahmens.[22]

Sieht der Arbeitsvertrag ausdrücklich vor, dass die Arbeitsleistung des Arbeitnehmers am Betriebssitz des Arbeitgebers zu erbringen ist (am besten noch unter Angabe einer bestimmten Adresse), so hat der Arbeitgeber durch diese Vereinbarung sein Direktionsrecht hinsichtlich des Arbeitsortes praktisch abgeschafft. Um aus diesem Zustand wieder zu dem ursprünglich von § 106 GewO vorgesehenen Rahmen zurückzukehren, bedarf es einer ausdrücklichen vertraglichen Regelung, typischerweise in Form einer Versetzungsklausel.[23] Stellt die Versetzungsklausel eine unechte Direktionserweiterung dar, wodurch lediglich wieder das Niveau des § 106 GewO hergestellt wird, unterliegt die Klausel gemäß § 307 Abs. 3 S. 1 BGB nicht der Inhaltskontrolle nach § 307 Abs. 1 BGB.[24] Im besten Fall gelingt es, mit einer solchen Versetzungsklausel das Niveau wieder herzustellen, welches ohne die vertraglich vereinbarte Beschränkung des Arbeitsortes von Gesetzes wegen gelten würde.[25] Versetzungsmöglichkeiten über die von § 106 GewO beschriebenen Grenzen hinweg wird man mit einer standardisierten Versetzungsklausel kaum vereinbaren können.[26]

Jedenfalls im Normalbetrieb wird der Arbeitgeber weder über das arbeitgeberseitige Direktionsrecht als solches, noch über eine übliche Versetzungsklau-sel berechtigt sein, dem Arbeitnehmer die Weisung zu erteilen, seine Arbeitsleistung im Home Office zu erbringen.[27] Dies dürfte mit der verfassungsrechtlich garantierten Unverletzlichkeit der Wohnung nicht zu vereinbaren sein.[28] Darüber hinaus hat der Arbeitnehmer aus dem gewohnheitsrechtlich anerkannten Beschäftigungsanspruch ein Recht darauf, dass der Arbeitgeber ihm einen funktionsfähigen Arbeitsplatz zur Verfügung stellt.[29]

Denkbar wäre jedoch, dass die Vertragsparteien bereits im Arbeitsvertrag selbst eine Erweiterung des Direktionsrechts dahingehend vereinbaren, dass der Arbeitgeber berechtigt ist, dem Arbeitnehmer unter bestimmten, im Vertrag näher beschriebenen Umständen die Weisung zu erteilen, die Arbeitsleistung für einen bestimmten Zeitraum aus dem Home Office oder mobil zu erbringen.

e) Das Direktionsrecht des Arbeitgebers als Grundlage für mobiles Arbeiten/Home Office in Zeiten von Corona

Unter dem Eindruck der aktuellen Corona-Pandemie finden sich viele Arbeitgeber in einer ungewohnten Situation. Wo man bislang den Wünschen aus der Belegschaft nach den unterschiedlichen Formen mobilen Arbeitens eher reserviert gegenüberstand, besteht nun plötzlich auf Arbeitgeberseite der dringende Wunsch, kurzfristig Home Office anordnen zu können. Die Gründe hierfür sind vielfältig. Ausgehend von dem aktuellen medizinischen Kenntnisstand gilt die Vermeidung sozialer Kontakte als ein zentraler Aspekt zur Eindämmung des Infektionsgeschehens. Wer konsequent im Home Office arbeitet, vermeidet nicht nur soziale Kontakte zu Kollegen am Arbeitsplatz, sondern auch eine Vielzahl möglicher Kontakte auf dem Weg zur Arbeit oder in der Mittagspause. Und dies schützt nicht nur den einzelnen Mitarbeiter und die Gesellschaft insgesamt vor einer weiteren Ausbreitung des Infektionsgeschehens. Eine derartige Isolierung von Teilen der Belegschaft im Home Office ist auch eine wichtige Rückversicherung für den Fortbestand des Unternehmens in der aktuellen Krisensituation. Je isolierter die Mitarbeiter voneinander arbeiten, umso geringer ist die Gefahr, dass eine Infektion im Mitarbeiterkreis um sich greift und schlimmstenfalls den gesamten Betrieb zum Erliegen bringt.

Die Anordnung der Arbeitsleistung im Home Office kann für den Arbeitgeber aber auch noch aus anderen Gründen attraktiv sein: Wer sich als Arbeitnehmer nach Reisen in Risikogebiete oder nach Kontakt zu Infizierten in häusliche Isolation geben muss, ist dem Arbeitsgeschehen im Betrieb entzogen. Auch wenn die wirtschaftlichen Folgen für den Mitarbeiter wegen der Anwendung von § 616 BGB oder wegen möglicher Entschädigungsansprüche nach dem Infektionsschutzgesetz nicht so gravierend sein mögen, können die Folgen für den Arbeitgeber umso gravierender sein, wenn es sich um einen Mitarbeiter in einer zentralen Funktion handelt oder sich derartige Fälle häufen. Soweit die Art der Tätigkeit es zulässt erscheint es zweckmäßig, den Mitarbeiter kurzfristig mit dem nötigen Equipment zu versorgen und die Fortsetzung der Arbeit im Home Office anzuordnen.

In vielen dieser Fälle zeigen sich die Mitarbeiter ausgesprochen kooperativ. Trotzdem wurde mit einem Mal eine Frage relevant, die lange Zeit eher theoretischer Natur war: Ist der Arbeitgeber kraft seines Direktionsrechts berechtigt, dem Arbeitnehmer die Tätigkeit im Home Office zuzuweisen?

Vor Corona hatte sich zuletzt das LAG Berlin Brandenburg mit einem Fall beschäftigt, in dem ein Arbeitgeber einen Arbeitnehmer nach über 30 Jahren Betriebszugehörigkeit für unbegrenzte Zeit ins Home Office versetzen wollte. Nach dem überlieferten Sachverhalt kann man den Eindruck gewinnen, dass es dem Arbeitgeber darum ging, den Arbeitnehmer aus dem Arbeitsverhältnis zu drängen. Das LAG Berlin Brandenburg kam seinerzeit zum Ergebnis, dass der Arbeitgeber kraft seines Weisungsrechts nicht befugt sei, den Arbeitnehmer in ein Home Office zu versetzen, da sich die Umstände der Arbeit im Home Office in erheblicher Weise von der Tätigkeit in der Betriebsstätte unterschieden. Insbesondere verliere der Arbeitnehmer den unmittelbaren Kontakt zu den Kollegen und die Möglichkeit zum Austausch mit diesen und der Kontakt zu den betrieblichen Interessenvertretungen reiße ab.[30]

Zudem wird in der Literatur zurecht darauf hingewiesen, dass einer einseitigen Anordnung von Arbeit im Home Office im Grundsatz die verfassungsrechtlich geschützte Unverletzlichkeit der Wohnung nach Art. 13 GG entgegensteht.[31]

Dennoch lässt sich mit guten Argumenten vertreten, dass der Arbeitgeber in der aktuellen Ausnahmesituation berechtigt sein kann, für einen überschaubaren Zeitraum auch einseitig die Tätigkeit im Home Office anzuordnen. Ausgangspunkt ist die weitgehend geteilte Überzeugung, dass der Arbeitgeber in Ausnahme- und Notsituationen gestützt auf die arbeitsvertragliche Rücksichtnahmepflicht aus § 241 Abs. 2 BGB und den Grundsatz von Treu und Glauben (§ 242 BGB) auch vertraglich an sich nicht geschuldete Tätigkeiten ohne Einverständnis des Mitarbeiters zuweisen kann.[32] Nach diesen Maßstäben lässt sich jedenfalls gut vertreten, dass der Arbeitgeber in der aktuellen Krisenlage ungeachtet

der bestehenden vertraglichen Vereinbarungen berechtigt sein kann, einseitig die Tätigkeit im Home Office anzuordnen.[33]

Die Bedenken, die das LAG Berlin Brandenburg aufgeworfen hatte, sind nicht einschlägig, da nicht zu befürchten ist, dass ein Mitarbeiter langfristig den Kontakt zu seinen Kollegen verliert. Dies gilt aktuell umso mehr, da auch bei einem weiteren Verweilen im Betrieb keineswegs gesichert wäre, dass die Kollegen dort überhaupt anzutreffen sind bzw. ausgedehnte soziale Kontakte wünschen. Letztlich dürfte – und dies ist nach Auffassung der Verfasser der entscheidende Aspekt – offensichtlich sein, dass eine derartige Maßnahme dem Schutz des einzelnen Arbeitnehmers, dem Schutz der Belegschaft, dem Fortbestand des Betriebs und letztlich auch mittelbar der Allgemeinheit dient und damit den individuellen Interessen des Mitarbeiters an der ununterbrochenen Beschäftigung am angestammten Arbeitsplatz vorzugehen hat.

Dem verfassungsrechtlich garantierten Schutz der Wohnung des Arbeitnehmers müsste damit Genüge getan sein, dass die Tätigkeit im Home Office den Mitarbeitern nur für eine sehr überschaubare Zeit zugemutet wird.[34]

Darüber hinaus müsste derjenige Arbeitnehmer, der in dieser Situation die Erbringung der Arbeitsleistung im Home Office verweigert und sich stattdessen darauf beruft, er könne seine Arbeitsvergütung unter dem Gesichtspunkt des Annahmeverzugs des Arbeitgebers auch ohne Erbringung seiner Arbeitsleistung fordern, damit rechnen, dass er letztlich ohne Arbeitsvergütung da steht: Selbst wenn die Anweisung der Tätigkeit im Home Office nicht vom Direktionsrecht des Arbeitgebers gedeckt wäre und der Arbeitnehmer dementsprechend nicht verpflichtet wäre, im Home Office zu arbeiten, würde der Vergütungsanspruch des Arbeitgebers dennoch entfallen, wenn er eine anderweitige Verdienstmöglichkeit böswillig unterlassen würde. Böswillig unterlassen wäre der anderweitige Erwerb dann, wenn der Arbeitnehmer eine ihm zumutbare anderweitige Tätigkeit bei dem bisherigen Arbeitgeber ablehnt.[35]

Letztlich ist also eine Abwägung anzustellen zwischen den Motiven des Arbeitgebers für die vorübergehende Anweisung der Tätigkeit im Home Office und der Situation des Arbeitnehmers, die eine Tätigkeit im Home Office als unzumutbar erscheinen lassen müsste. Die Entscheidung des Arbeitgebers ist typischerweise durch sachliche und objektiv nachvollziehbare Gründe (Schutz von Leben und Gesundheit der Belegschaft, Schutz der Fortexistenz des Betriebs, usw.) gerechtfertigt. Eine Unzumutbarkeit der vorübergehenden Arbeit im Home Office ließe sich seitens des Arbeitnehmers wohl nur in absoluten Ausnahmefällen darstellen.

Im Ergebnis würde die Weigerung eines Arbeitnehmers, in der aktuellen Situation vorübergehend auch im Home Office zu arbeiten, daher zu einem vorübergehenden Verlust des Vergütungsanspruchs führen.[36]

2. Ausstattung des Home Office/Mobile Office

a) Ausstattung durch den Arbeitgeber

Auch wenn eine gesetzliche Verpflichtung nicht besteht, wird der Arbeitgeber regelmäßig die technischen Arbeitsmittel (PC bzw. Laptop, Dockingstation, Mobiltelefon und Telefax) zur Verfügung stellen. Richtet der Arbeitgeber das gesamte Home Office ein, entsteht ggf. ein Telearbeitsplatz iSv §2 Abs.7 ArbStättV. Stellt der Arbeitgeber nur einzelne Gerätschaften oder vereinbaren die Parteien mobiles Arbeiten, greift §2 Abs.7 ArbStättV nicht.[37]

HINWEIS Stellt der Arbeitgeber die technischen Arbeitsmittel zur Verfügung, ist es ratsam, zu vereinbaren und durch technische Maßnahmen sicherzustellen, dass arbeitsbezogene Datenverarbeitungen ausschließlich auf diesen arbeitgeberseitig gestellten Gerätschaften und nicht parallel auch auf privaten Gerätschaften durchgeführt werden.

b) Einsatz privater Geräte/Software

Es ist aber auch möglich, dass der Arbeitnehmer aus eigenem Antrieb oder auf Basis einer Vereinbarung mit dem Arbeitgeber eigene Arbeitsmittel zur Verfügung stellt.

HINWEIS Gerade in der aktuellen Situation kann die Einrichtung von Home Office uU deutlich beschleunigt werden, wenn Arbeitnehmer sich bereit erklären, ihre privaten Arbeitsmittel (PC, Drucker, Telefon) zur Verfügung zu stellen. In vielen Fällen wurde auf diese Weise in den letzten Monaten eine vernünftige Fortsetzung der Tätigkeit ermöglicht. Arbeitgeber sollten jedoch prüfen, ob nach Art und Inhalt der Tätigkeit ein solcher Einsatz den Anforderungen an Geheimnis- und Datenschutz genügt. Ggf. wird man versuchen müssen, durch Einsatz bestimmter Softwarelösungen auch auf den privaten Endgeräten der Mitarbeiter einen adäquaten Sicherheitsstandard sicherzustellen.

Sofern der Arbeitnehmer seine eigenen Arbeitsmittel einsetzt, verliert der Arbeitgeber jedoch an Einfluss. Ein Herausgabeanspruch bezüglich der Arbeitsmittel und Speichermedien scheidet dann aus. Auch kann der Arbeitgeber dem im Home Office tätigen Arbeitnehmer grundsätzlich nicht verbieten, die von ihm selbst angeschafften Arbeitsmittel parallel privat zu nutzen oder an dritte Personen zu überlassen, was zu Problemen bei Geheimnis- und Datenschutz führen kann.[38]

HINWEIS Auch und gerade dann, wenn der Arbeitnehmer wesentliche Arbeitsmittel für die mobile Arbeit stellt, ist es für den Arbeitgeber von großer Bedeutung sicherzustellen, dass keine unbefugten Dritten auf arbeitsbezogene Daten zugreifen. Eine klare Vereinbarung dazu, wie mit den Daten und Gerätschaften umzugehen ist, gibt zwar keine letzte Sicherheit, ist aber schon ein wichtiger erster Schritt.

c) Aufwendungsersatzanspruch

Die Einrichtung des Arbeitsplatzes ist notwendigerweise mit Kosten verbunden. Soweit der Arbeitnehmer die Arbeitsmittel selbst auf eigene Kosten anschafft, hat er gegen den Arbeitgeber uU einen Erstattungsanspruch entsprechend §670 BGB.[39] Nimmt ein Arbeitnehmer Aufwendungen vor, die auch in seinem eigenen Interesse liegen können, zB die Ausstattung des privaten Arbeitszimmers mit Büromöbeln, besteht ein Aufwendungsersatzanspruch nur dann, wenn das Arbeitgeberinteresse so weit überwiegt, dass das Interesse des Arbeitnehmers vernachlässigt werden kann.[40]

Neben den Kosten für Arbeitsmittel fallen im Home Office aber auch Nebenkosten, also Kosten für Strom, Heizung, Telefonie etc., an. Die Beträge werden – zumal in Zeiten von Telefon- und Daten-Flatrates – überschaubar sein, korrekte Abrechnung und Rechnungsprüfung hingegen können für beide Parteien sehr aufwändig werden.

HINWEIS Wenn der Arbeitnehmer einen Ausgleich für Aufwendungen erhalten soll, empfiehlt sich die Vereinbarung eines monatlichen Pauschalbetrags unter gleichzeitigem Ausschluss etwaiger weiterer Ansprüche.

Da §670 BGB abdingbar ist, können die Arbeitsvertragsparteien aber auch vereinbaren, dass der Arbeitnehmer für die Stellung von Räumlichkeiten und ggf. Arbeitsmitteln keinen Aufwendungsersatz erhält.

HINWEIS Zusätzliche Zahlungen des Arbeitgebers an den Arbeitnehmer in Verbindung mit den verschiedenen Arten mobiler Tätigkeit müssen kein Automatismus sein. Gerade wenn die Einrichtung des Home Office den besonderen Wünschen des Arbeitnehmers Rechnung trägt, wird der Arbeitgeber dafür nicht noch Kosten tragen wollen. Es empfiehlt sich, zu diesem Punkt von vorneherein eine klare Regelung zu treffen.

3. Arbeitszeit im Home Office/ Mobile Office

a) Grundprinzipien

Für die Arbeitszeit und ihre Erfassung gilt im Home Office und in allen mobilen Arbeitsformen nichts anderes als am betrieblichen Arbeitsplatz. Dies gilt sowohl für die Festlegung der zeitlichen Lage der Arbeitszeit durch den Arbeitgeber als auch für die Vorgaben des Arbeitszeitgesetzes.

b) Lage der Arbeitszeit

Wie im Betrieb ist es dem Arbeitgeber grundsätzlich auch bei Home Office-Tätigkeit möglich, die zeitliche Lage der Arbeitszeit im Einzelnen festzulegen. Da mit der Einrichtung eines Home Office allerdings sowohl auf Seite des Arbeitgebers als auch des Arbeitnehmers die Erwartung einer gewissen Flexibilität verbunden ist, ist ein enges Zeitkorsett mit einer genauen Festlegung der Arbeits- und Pausenzeiten in der Praxis eher unüblich.

Regelmäßig hat der Arbeitgeber ein berechtigtes Interesse daran, die Anwesenheit und Erreichbarkeit des Arbeitnehmers im Home Office zumindest während gewisser Kernzeiten sicherzustellen. Üblich ist die Festlegung gewisser Zeitfenster, in denen der Arbeitnehmer grundsätzlich erreichbar ist. Dabei sollte auch klargestellt werden, in welcher Weise der Arbeitnehmer erreichbar ist (üblicherweise telefonisch und/oder per E-Mail) und welche Reaktionszeiten im Falle einer kurzzeitigen Verhinderung einzuhalten sind.

In der Praxis üblich sind auch feste Termine, wie zum Beispiel zu Teambesprechungen per Video- oder Telefonkonferenz.

Eine Problematik der Selbstbestimmung der Arbeitszeiten durch den Arbeitnehmer liegt darin, dass, soweit keine zeitliche Festlegung erfolgt, Arbeit nicht selten aus rein arbeitnehmerseitigem Interesse zu Zeiten erbracht wird, die im betrieblichen Sinne un-

günstig oder gar problematisch sind (zu denken ist an Sonn- und Feiertags- sowie Nachtarbeit). Zudem kann eine eigenverantwortliche Festlegung der Arbeitszeiten leicht dazu führen, dass es zu Mehrarbeit im Sinne des Arbeitsvertrages kommt, woraus sich Fragen hinsichtlich Zuschlagspflicht und Überstundenvergütung ergeben. Der Grundsatz, dass der Arbeitgeber sich keine Mehrarbeit aufdrängen lassen muss, gilt auch im Home Office.

HINWEIS Es ist aus Sicht des Arbeitgebers erforderlich, das Thema Mehrarbeit vertraglich zu regeln. Neben einer Abgeltungsklausel mit einer Benennung einer konkreten Überstundenanzahl sollten insbesondere die Voraussetzungen für Überstundenvergütung geregelt werden, insbesondere das Erfordernis einer Vorab-Genehmigung. Zudem muss in der Praxis darauf geachtet werden, dass Arbeit, die ersichtlich im Mehrarbeitsbereich geleistet wird, nur dann angenommen und akzeptiert wird, wenn dies im betrieblichen Interesse liegt.

HINWEIS Falls ein Betriebsrat besteht ist darauf zu achten, dass spezielle Arbeitszeitregelungen für Home Office/Mobile Office der Mitbestimmung unterliegen.

c) Arbeitszeitgesetz

Die zwingenden Regelungen des Arbeitszeitgesetzes gelten im Home Office uneingeschränkt. Es gilt mithin eine tägliche Höchstarbeitszeit von acht Stunden (im Ausnahmefall mit Zeitausgleich zehn Stunden), eine Ruhezeit von mindestens elf Stunden, ein Verbot von Sonn- und Feiertagsarbeit sowie zwingend einzuhaltende Pausenzeiten.

Dies ist in mindestens zweifacher Hinsicht problematisch. Zum einen bestehen für Arbeitgeber naturgemäß nur beschränkte Kontrollmöglichkeiten, zum anderen kommt es im Home Office naturgemäß wesentlich häufiger zu einem Wechsel zwischen Arbeitstätigkeit und Freizeit. Schon der Gang in die Küche oder zur Toilette stellt keine Arbeitszeit dar. Erst Recht gilt dies natürlich für längere Unterbrechungen aus privaten Gründen.

In jedem Fall ist es erforderlich, den im Home Office tätigen Mitarbeiter auf die Einhaltung der zwingenden Regelungen des Arbeitszeitgesetzes zu verpflichten. Hierzu muss der Mitarbeiter die gesetzlichen Regelungen natürlich kennen. Da es dabei nicht selten um schwierige Abgrenzungsfragen geht, erscheint eine schriftliche Unterrichtung und (regelmäßige) Schulung aller Home Office-Mitarbeiter und der betreffenden Führungskräfte zu Fragen des Arbeitszeitrechtes unabdingbar.

Mitarbeiter müssen regelmäßig, insbesondere zu Beginn der Home Office-Tätigkeit, zu den Regelungen des Arbeitszeitgesetzes geschult werden. Die unterschiedlichen und unter Umständen schwierig auszulegenden Bestimmungen des Arbeitszeitgesetzes bedürfen einer klaren und für jeden Arbeitnehmer verständlichen Anleitung.

d) Arbeitszeiterfassung

Die Aufzeichnung und Dokumentation der Arbeitszeit ist durch ein neues Urteil des Europäischen Gerichtshofs in den Mittelpunkt der Aufmerksamkeit gelangt. Das Urteil des EuGH vom 14.5.2019[41] ist auch außerhalb juristischer Fachkreise zur Kenntnis genommen worden.

Schon bisher war es nach §16 Abs.2 ArbZG erforderlich, die über die werktägliche Arbeitszeit hinausgehende Arbeitszeit aufzuzeichnen und ein Verzeichnis der Arbeitnehmer zu führen, die in eine Verlängerung der Arbeitszeit eingewilligt haben. Solche Nachweise müssen mindestens zwei Jahre aufbewahrt werden.

Der EuGH hat nunmehr festgestellt, dass die nationalen Gesetzgeber verpflichtet sind, Regelungen zu schaffen, die die Arbeitgeber verpflichten, die gesamte Arbeitszeit vollständig zu erfassen. Arbeitgeber sind danach verpflichtet, ein objektives, verlässliches und zugängliches System einzuführen, mit dem die von einem jeden Arbeitnehmer geleistete tägliche Arbeitszeit gemessen werden kann.

Eine Vielzahl von arbeitsrechtlichen Stimmen geht derzeit davon aus, dass es bis zu einer etwaigen gesetzlichen Neuregelung in Deutschland noch nicht erforderlich ist, ein lückenloses Zeiterfassungssystem einzurichten.[42] Erste arbeitsgerichtliche Urteile, die auf eine originär europarechtliche Begründung abstellen, sehen dies zumindest unter dem Gesichtspunkt der Beweislastverteilung, die insbesondere in Prozessen über die Verpflichtung zur Überstundenvergütung von Bedeutung ist, anders.[43] Zwar spielt die Beweislastverteilung nur dann eine Rolle, wenn die Aufzeichnungen des Arbeitnehmers über geleistete Mehrarbeit unrichtig sind, jedoch ist nicht zu verkennen, dass dieser Sachverhalt gerade im Home Office häufiger als im Betrieb relevant sein kann.

Die nachfolgenden Ausführungen zu einem der Rechtsprechung des EuGH entsprechenden Zeiterfassungssystem verstehen sich vor diesem Hintergrund als Hinweise für Arbeitgeber, die schon jetzt ungeachtet einer etwaigen gesetzlichen Verpflichtung eine Zeiterfassung durchführen wollen.

Während die Einführung eines solchen Zeiterfassungssystems an festen Arbeitsplätzen im Betrieb unproblematisch möglich ist, sind die Probleme bei einer Tätigkeit im Home Office evident. Daher stellt sich die Frage, wie ein solches Zeiterfassungssystem im Home Office aussehen kann. Dabei besteht zunächst Einigkeit dahingehend, dass es nicht auf die Art der Zeiterfassung ankommt, die händische Aufzeichnung durch den Arbeitnehmer und ein elektronisches System (auch zum Beispiel mittels App) wären grundsätzlich gleich geeignet.

Das Erfordernis eines „objektiven Systems" grenzt dabei die Zeiterfassung nach sachlichen, unvoreingenommenen und unparteiischen Maßstäben ab von dem Einfließen von persönlichen Gefühlen und Erfahrungen. Ungeachtet des Fehlens gesetzlicher Vorgaben erscheint klar, dass eine Übertragung der Zeiterfassung auf den Home Office-Mitarbeiter unter Berücksichtigung des Erfordernisses eines objektiven Zeiterfassungssystems nur dann möglich sein wird, wenn jeder Home Office-Mitarbeiter im Detail über die Feinheiten des Arbeitszeitrechts informiert ist. Eine korrekte Zeitaufzeichnung ist nur dann denkbar, wenn jedem Mitarbeiter unmissverständlich klar ist, was genau Arbeitszeit ist und welche Tätigkeiten im Home Office die Arbeitszeit unterbrechen. Es darf nicht dem „Gefühl" des Mitarbeiters überlassen bleiben, ob jetzt ein bestimmter Zeitraum zur Arbeitszeit zählt oder nicht.

Ein klares Handbuch mit einer detaillierten Beschreibung der Aufzeichnungspflichten ist aus Sicht des Arbeitgebers unerlässlich, um den Vorgaben des Arbeitszeitgesetzes und der Rechtsprechung auch bei Selbstaufzeichnung der Arbeitszeiten durch den Home Office-Mitarbeiter nachzukommen.

Weiter verlangt der EuGH, dass das Zeiterfassungssystem „verlässlich" sein muss. Dies wird man insbesondere im Hinblick auf Manipulationsmöglichkeiten verstehen müssen. Dies dürfte letztlich bedeuten, dass der die Arbeitszeit selbst erfassende Home Office-Mitarbeiter Arbeitszeiten allenfalls in eng definierten Zeiträumen (selbst) korrigieren kann. Im Home Office erscheint es gerade angesichts des häufigen Wechsels von Arbeitszeit und Freizeit sinnvoll, die Arbeitszeiten unverzüglich zu erfassen. Schon am Folgetag wird kaum mehr nachzuvollziehen sein, welche Zeiten genau gearbeitet wurden. Eine Einflussnahme des Arbeitgebers auf die Zeitaufzeichnung sollte allenfalls im Zusammenhang mit gemeinsamen Kontrollen der Zeiterfassung erfolgen.

Am leichtesten erfüllbar erscheint das Erfordernis der „Zugänglichkeit" des Zeiterfassungssystems zu sein. Letztlich bedeutet dies, dass der Arbeitnehmer die erfasste Arbeitszeit auch im Nachhinein kontrollieren kann, um so zu vermeiden, dass nachträgliche Manipulationen, gleich durch wen, erfolgen.

Letztlich ist der Kernpunkt aus Arbeitgebersicht bei Selbsterfassung der Arbeitszeit durch Arbeitnehmer im Home Office die Durchführung „stichprobenartiger" Kontrollen. Hier gibt es keine konkreten Vorgaben. In der Literatur diskutiert werden gemeinsame regelmäßige Besprechungen von Vorgesetzten mit Home Office-Arbeitnehmern im Betrieb.[44] Vereinzelt wird auch an Hausbesuche des Arbeitgebers gedacht[45], diese sind jedoch unter dem Gesichtspunkt der Unverletzlichkeit der Wohnung ohne Zustimmung des Wohnungsinhabers und aller Mitbewohner problematisch, zumal auch kein echtes Erfordernis für Hausbesuche (jedenfalls nicht aus dem Gesichtspunkt der Kontrolle der Zeiterfassung) besteht.

e) Fazit

Die maßgeblichen Arbeitszeitregelungen gelten auch für die Arbeit im Home Office. Problematisch erscheint die künftig wahrscheinlich erforderlich werdende lückenlose Zeiterfassung, die im Home Office regelmäßig nur durch den Arbeitnehmer selbst erfolgen kann.

4. Home Office/Mobile Office und Reisezeiten

Regelmäßig wird ein Arbeitnehmer nicht seine gesamte Arbeitszeit statisch im Home Office bzw. Mobile Office verbringen. Häufig wird der Arbeitnehmer zu Kunden oder zum Betrieb des Arbeitgebers reisen. Verrichtet der Arbeitnehmer nur einen Teil seiner Tätigkeit von seinem Home Office/Mobile Office aus, beispielsweise weil er von dort bestimmungsgemäß zu Kundenbesuchen aufbricht oder weil er nur einen Teil seiner Tätigkeit im Home Office/Mobile Office erbringt und den Rest seiner Arbeitstätigkeit bestimmungsgemäß im Betrieb leistet, gehören diese Fahrten zum normalen Arbeitsalltag des Arbeitnehmers. Doch selbst wenn ein obligatorisches Home Office/Mobile Office eingerichtet ist, wird der Arbeitnehmer zumindest von Zeit zu Zeit – etwa zu wichtigen Besprechungen etc. – den Betrieb des Arbeitgebers aufsuchen.

Ob es sich bei diesen Fahrten um Arbeitszeit im Sinne des Arbeitszeitgesetzes und/oder um vergütungspflichtige Arbeitszeit handelt, hängt von den konkreten Umständen des Einzelfalls ab.

a) Kundenbesuche

Startet der Mitarbeiter von seinem Home Office aus (bzw. bei vereinbarter Mobile Office-Tätigkeit von seinem Wohnsitz aus) zu Kundenbesuchen, gilt nichts anderes, als wenn ein Arbeitnehmer ohne Home Office/Mobile Office von seinem Wohnsitz aus eine Dienstreise antritt. Im Zweifelsfalle handelt es sich bei der gesamten Reisezeit um vergütungspflichtige Arbeitszeit (wobei für die über die regelmäßige Arbeitszeit hinausgehende Reisezeit auch etwas Abweichendes vereinbart werden könnte).[46]

Arbeitszeit im Sinne des Arbeitszeitgesetzes liegt im Hinblick auf die Reisezeit jedenfalls dann vor, wenn der Arbeitnehmer ein Fahrzeug selbst steuert oder wenn er während der Reise mit öffentlichen Verkehrsmitteln auf Weisung des Arbeitgebers arbeitet (also telefoniert, liest, Korrespondenz erledigt, etc.).[47]

b) Fahrten zum Betrieb bei alternierendem Home Office/ Mobile Office

Ist von Vornherein vereinbart, dass der Arbeitnehmer nur einen Teil seiner Arbeitsleistung im Home Office/Mobile Office erbringt, soll sich durch die Vereinbarung des Home Office/Mobile Office an der Bewertung der verbleibenden Fahrzeiten zwischen Wohnung und Betrieb nichts ändern. Die Anfahrt und Abfahrt des Arbeitnehmers zum Betrieb, also der normale tägliche Arbeitsweg, stellt sowohl im Sinne der Vergütung wie auch im Sinne des Arbeitszeitgesetzes keine Arbeitszeit dar und zwar unabhängig davon, mit welchem Verkehrsmittel der Arbeitnehmer diese Reise bewerkstelligt.[48] Für den Mitarbeiter, der bestimmungsgemäß alternierend im Home Office/ Mobile Office arbeitet, beginnt an den Tagen, an denen er seine Arbeitsleistung im Betrieb verrichtet, die Arbeitszeit daher erst in dem Moment, in dem er im Betrieb seine Arbeit aufnimmt und endet wieder, sobald er dort seine Arbeit beendet hat.

HINWEIS Jedenfalls zum Zwecke der Klarstellung erscheint es ratsam, in der Vereinbarung zur Einrichtung des Home Office/Mobile Office bei alternierender Gestaltung ausdrücklich zu regeln, dass Arbeitsort an den Tagen, an denen der Arbeitnehmer seine Arbeitsleistung bestimmungsgemäß im Betrieb erbringt der Betrieb ist, es sich mithin bei der An- und Abfahrt zum/vom Betrieb an diesen Tagen um den regulären Arbeitsweg des Arbeitnehmers handelt.

Etwas anderes gilt im Ausnahmefall nur dann, wenn der Arbeitnehmer – auf Aufforderung des Arbeitgebers – bereits während der An- oder Abfahrt arbeitet, also zB telefoniert, Korrespondenz bearbeitet oÄ. Dann zählt diese Zeit ggf. als Arbeitszeit sowohl im Sinne der Vergütung wie auch im Sinne des Arbeitszeitgesetzes. Auch insoweit ergeben sich durch die Vereinbarung von Mobile Office/Home Office keine Abweichungen zu dem, was gelten würde, wenn der Arbeitnehmer regulär im Betrieb arbeitet.

In all diesen Konstellationen ist der Arbeitgeber gut beraten durch Ausübung seines Direktionsrechts zu steuern, ob und wenn ja in welchem Umfang die Arbeitnehmer während der An- und Abfahrt und während sonstigen Reisezeiten arbeiten. Insbesondere kann der Arbeitgeber das Arbeiten während der An- und Abfahrt zum betrieblichen Arbeitsplatz ausdrücklich untersagen. Nur so kann der Arbeitgeber sicherstellen, dass ihm keine Arbeitszeiten aufgedrängt werden. .

c) Fahrten zum Betrieb bei obligatorischem Home Office/ Mobile Office

Anders verhält es sich, wenn die Parteien eine obligatorische Tätigkeit im Home Office/Mobile Office vereinbart haben. Dann ist alleiniger Arbeitsort dieses Home Office/Mobile Office. Wird der Arbeitnehmer in dieser Situation in den Betrieb beordert, handelt es sich bei der An- und Abreise um eine Dienstreise in dem Sinne, dass der Arbeitnehmer, soweit nicht ausdrücklich (und zulässiger Weise) etwas anderes vereinbart ist, für diese Zeit regulär zu vergüten ist. Zugleich stellt die Reisezeit in dieser Konstellation auch Arbeitszeit im Sinne des ArbZG dar, wenn der Arbeitnehmer sein Fahrzeug selbst steuert oder während der Fahrt arbeitet.

HINWEIS Haben die Parteien ein obligatorisches Home Office/Mobile Office vereinbart, ist alleiniger Arbeitsort regelmäßig dieses Home Office/Mobile Office. Soll der Arbeitnehmer einen Termin im Betrieb wahrnehmen und hat er eine längere Anreise zu bewerkstelligen, sollte der Arbeitgeber anweisen, dass die Reise mit öffentlichen Verkehrsmitteln zu erfolgen hat und dass der Arbeitnehmer während der Reise nicht arbeitet. Sonst kann es bei ausreichend langen Reisezeiten dazu kommen, dass der Arbeitnehmer die zulässige Höchstarbeitszeit schon mit der Reisezeit ausreizt und am Betrieb aus arbeitszeitrechtlichen Gründen nicht mehr eingesetzt werden kann.

5. Datenschutz im Home Office/Mobile Office

Bei der Tätigkeit im Home Office und in anderen Arbeitsformen außerhalb des Betriebs werden im Regelfall schon durch die digitale Anbindung des Arbeitnehmers an die Systeme des Arbeitgebers personenbezogene Daten verarbeitet. Dabei gelten die Datenschutzgrundverordnung und das Bundesdatenschutzgesetz uneingeschränkt. Tatsächlich stellt die Tätigkeit im Home Office eine besondere datenschutzrechtliche Herausforderung dar, da hier die Anzahl von Risikoquellen deutlich erhöht ist und die Kontroll- und Einflussmöglichkeiten des Arbeitgebers erschwert sind.

Dabei erkennen auch die Datenschutzbeauftragten an, dass sich Datenschutz und Telearbeit sowie mobiles Arbeiten nicht grundsätzlich ausschließen. Auch ist klar, dass sich Risiken in der Praxis nicht gänzlich vermeiden lassen. Allerdings sind bei besonders schützenswerten personenbezogenen Daten solche Risiken nur dann vertretbar, wenn deren Schutz durch angemessene technisch- organisatorische Maßnahmen und entsprechende Kontrollmöglichkeiten des Arbeitgebers gewährleistet ist.

a) Verantwortlichkeit des Arbeitgebers

Ungeachtet der Tätigkeit der Arbeitnehmer im Home Office bleibt der Arbeitgeber datenschutzrechtlicher Verantwortlicher iSv Art. 4 Nr. 7 DSGVO.[49]

Nach Art. 25 Abs. 2 DSGVO ist der Arbeitgeber als Verantwortlicher verpflichtet, geeignete technische und organisatorische Maßnahmen zu ergreifen, um sicherzustellen, dass durch Voreinstellung grundsätzlich nur personenbezogene Daten, deren Verarbeitung für den jeweiligen bestimmten Verarbeitungszweck erforderlich ist, verwendet werden. Darüber hinaus ist das Unternehmen unter Berücksichtigung des Stands der Technik, der Implementierungskosten, der Art, des Umfangs, der Umstände und der Zwecke der Verarbeitung sowie der Eintrittswahrscheinlichkeit und Schwere der mit der Verarbeitung verbundenen Gefahren für die Rechtsgüter der betroffenen Personen verpflichtet, die erforderlichen technischen und organisatorischen Maßnahmen zu treffen, um bei der Verarbeitung personenbezogener Daten ein dem Risiko angemessenes Schutzniveau zu gewährleisten (§ 64 Abs. 1 S. 1 BDSG).

Aus Sicht des Arbeitgebers ist die Gewährleistung folgender Grundsätze unabdingbar:

- Zugangskontrolle zu Datenverarbeitungsanlagen
- Datenträgerkontrolle
- Speicherkontrolle
- Benutzerkontrolle
- Zugriffskontrolle
- Übertragungskontrolle

- Eingabekontrolle
- Transportkontrolle
- Wiederherstellbarkeit von Daten im Störungsfall
- Gewährleistung der Zuverlässigkeit aller Funktionen des Systems
- Sicherung der Datenintegrität, insbesondere Einsatz eines Backup- und Recovery-Konzepts
- Schutz personenbezogener Daten gegen Zerstörung oder Verlust

Die Einhaltung vorstehender Grundsätze erfordert eine Reihe spezifischer Maßnahmen im Home Office. Ohne eine gesonderte vertragliche Regelung, die weit über eine Arbeitsvertragsklausel und die im Betrieb gültigen Richtlinien hinausgeht, wird dies nicht zu gewährleisten sein.

Erforderlich sind (je nach Einzelfall) zum Beispiel:

- Regelungen zu einer strikten Zugangskontrolle, mindestens abschließbare Schränke, besser abschließbares Arbeitszimmer (einschließlich Sicherung sonstiger Zugänge, zB Fenster), zudem muss die gesamte Wohnung gegen unbefugten Zutritt gesichert sein,
- sichere Aufbewahrung von Datenträgern und deren Verschlüsselung sowie ggf. Vernichtung und Protokollierung der Vernichtung,
- Einrichtung von VPN-Tunneln und sonstigen Verschlüsselungssystemen einschließlich Passwortvergaben, Deaktivierung von Ports und Druckerfreigaben sowie von unautorisierten (WLAN)-Zugängen,
- klare Regelungen der Berechtigung von Zugriffen im System, Einhaltung der Passwort-Richtlinien, Protokollierung von Zugriffen auf jegliche dienstliche IT-Anwendungen,
- Nutzung aktueller Anti-Viren-Software und Firewalls auch im häuslichen Umfeld,
- striktes Verbot des Zugriffs Dritter (auch Familienangehöriger) auf die dienstliche Geräte, strikte Trennung von privater und dienstlicher Nutzung von Gerätschaften,
- klare Regelungen zum Transport von Unterlagen und Datenträgern von und zum Home Office,
- klares Konzept zur Sicherung dienstlicher Daten, um Datenverlust entgegen zu wirken,
- keinerlei private Speicherung von Daten, sofern nicht ausdrücklich autorisiert.

Aktuell besonders kritisch gesehen werden die gerade auch für Home Office-Mitarbeiter im Trend liegenden Videokonferenz-Systeme. Hierzu haben die Datenschutzbeauftragten der Länder Merkblätter und Empfehlungen herausgegeben, die zwingend beachtet werden sollten.[50]

b) Besonders sensible Daten

Die Einhaltung sämtlicher Sicherheitsvorschriften ist vor allem zu gewährleisten, sofern die Tätigkeit einen Umgang mit besonders sensiblen Daten erfordert. Als besonders schützenswert gelten nach § 26 BDSG zunächst einmal die persönlichen Daten der Beschäftigten, die ein umfassendes Bild über die Betroffenen geben. Als besonders schützenswert sind dabei auch personenbezogene Daten anzusehen, welche die gesetzlichen Sozialversicherungsträger speichern.

Art. 9 Abs. 1 der DSGVO benennt eine besondere Kategorie personenbezogener Daten, die besonders schützenswert sind. Hierzu zählen Angaben zur rassischen und ethnischen Herkunft, Gewerkschaftszugehörigkeit, zu politischen Meinungen, religiösen oder weltanschaulichen Überzeugungen sowie genetische Daten, biometrische Daten zur eindeutigen Identifizierung einer natürlichen Person, Gesundheitsdaten und Merkmale zum Sexualleben oder der sexuellen Orientierung einer natürlichen Person.

Die Datenschutzbeauftragten raten grundsätzlich, auf eine Verarbeitung und Nutzung sensibler Personaldaten im Home Office zu verzichten.[51] Allerdings ist im Einzelfall zu entscheiden, ob das Risiko für einen Datenmissbrauch angemessen reduziert werden kann oder ob das unvermeidbare Restrisiko eine Datenverarbeitung im Rahmen von Telearbeit oder mobilem Arbeiten ausschließt. Grundsätzlich sind sensible und besonders schützenswerte personenbezogene Daten stärker als andere personenbezogene Daten zu schützen. Zu beurteilen ist insoweit, wie hoch das Risiko eines Missbrauchs angesichts der gegebenen konkreten Arbeitsabläufe einzustufen ist. Daraus wird deutlich, dass es eine Einheitsbeurteilung nicht gibt, sondern der konkrete Heimarbeitsplatz bzw. die Umstände des mobilen Arbeitens zu beurteilen sind. Die Datenschutzbeauftragten vertreten insoweit die Auffassung, dass bei sogenannter medienbruchfreier Gestaltung (also im Wesentlichen verschlüsselter und gesicherter Kommunikation) die Heimarbeit ein geringeres Missbrauchsrisiko als das mobile Arbeiten bedeutet.[52] Mobiles Arbeiten berge immer das Risiko eines Verlustes des mobilen Geräts. Dieses Risiko kann allerdings reduziert werden, wenn die Daten auf dem mobilen Gerät verschlüsselt werden und der Transport des mobilen Geräts nur in gesperrtem Zustand erfolgt. Zudem ist bei Arbeiten im öffentlichen Bereich (zum Beispiel in der Bahn, im Flugzeug, im Café) darauf zu achten, dass Bildschirm und Tastatur der mobilen Geräte durch Passanten und Videokameras nicht einzusehen sind. Telefonate mit Personenbezug sollten im öffentlichen Raum nur geführt werden, wenn ein Mithören sicher ausgeschlossen werden kann.

Zudem ist bei der Nutzung von Kundendaten darauf zu achten, ob in dem Vertrag mit dem Kunden überhaupt eine Nutzung im Home Office oder mobil erlaubt ist, vielfach wird dies nämlich durch (allgemeine) Geschäftsbedingungen untersagt.

> **HINWEIS**
>
> In den Verträgen zur Home Office-Arbeit oder zum mobilen Arbeiten ist ausdrücklich festzuhalten, dass eine Nutzung insbesondere sensibler Daten nur über verschlüsselte elektronische Kommunikationswege stattfindet.
>
> Bei Nutzung öffentlicher Netzwerkzugänge darf ausschließlich ein vom Unternehmen eingerichtetes VPN mit ausreichend starker Verschlüsselung genutzt werden.
>
> Bei mobilen Arbeiten im öffentlichen Bereich muss zudem ein Sicht- und Tastaturschutz gegeben sein, dienstliche Telefonate mit Personenbezug dürfen nur geführt werden, wenn ein Mithören verlässlich ausgeschlossen ist.
>
> Zum mobilen Arbeiten genutzte Geräte müssen im Falle des Verlustes sicher gegen unbefugten Zugang geschützt sein.
>
> Vor Nutzung von Kundendaten sind die Verträge daraufhin zu überprüfen, ob mobiles Arbeiten/ Home Office erlaubt ist.

c) Dokumentation

Sämtliche getroffenen Maßnahmen zur Datensicherheit sollten sorgfältig dokumentiert werden, um bei aufsichtsbehördlichen Ermittlungen sowie Inanspruchnahme durch Dritte den erforderlichen Nachweis führen zu können, sämtlichen datenschutzrechtlichen Anforderungen bei der Einrichtung des konkreten Home Office-Arbeitsplatzes entsprochen zu haben.

> **HINWEIS**
>
> Die für die Einrichtung des Home Office Verantwortlichen, insbesondere von Seiten der IT, sind darauf zu verpflichten (und die Einhaltung dieser Verpflichtung ist durch die Personalabteilung oder eine andere geeignete Stelle im Unternehmen zu überprüfen), sämtliche getroffenen Maßnahmen zur Sicherung sämtlicher Daten umfassend zu dokumentieren.

d) Verpflichtung auf das Datengeheimnis

Bereits nach § 53 S. 1 BDSG sind Mitarbeiter bei Aufnahme ihrer Tätigkeit auf das Datengeheimnis zu verpflichten, wenn sie bei ihrer Tätigkeit mit der Datenverarbeitung befasst sind. Obgleich es keine gesonderte Verpflichtung für im Home Office tätige Mitarbeiter gibt, empfiehlt sich zu überprüfen, ob die Verpflichtung auf das Datengeheimnis auch tatsächlich vorliegt.

> **HINWEIS**
>
> Der Arbeitgeber sollte vor Aufnahme einer Home Office-Tätigkeit prüfen und sicherstellen, dass der Mitarbeiter auf das Datengeheimnis verpflichtet wurde. Eine nochmalige Bestätigung dieser Verpflichtung als Teil der Home Office-Vereinbarung ist empfehlenswert.

e) Zutrittsrecht

Sicherungsmaßnahmen müssen natürlich nicht nur getroffen, sondern ihre Einhaltung und Wirksamkeit muss auch kontrolliert werden. Dies ist im Home Office naturgemäß nur erschwert möglich. Die Privatsphäre des Arbeitnehmers ist mit den Pflichten des Arbeitgebers als datenschutzrechtlich Verantwortlicher abzuwägen. Daher ist es zwingend erforderlich, als Teil einer Home Office-Vereinbarung ein Zugangsrecht zu dem Home Office-Arbeitsplatz vorzusehen, damit die Einhaltung der daten- und arbeitsschutzrechtlichen Vorschriften, für die der Arbeitgeber einzustehen hat, von ihm (und dem betrieblichen Datenschutzbeauftragten) angemessen überprüft werden kann.[53]

Es muss durch geeignete technische und organisatorische Maßnahmen sichergestellt werden, dass der Arbeitgeber eine datenschutzwidrige Nutzung des mobilen Geräts erkennen kann. Das Bundesamt für Sicherheit in der Informationstechnik empfiehlt zudem den Einsatz eines Mobile Device Managements[54], in der Praxis üblich sind auch Remote Control Möglichkeiten, durch die die Gerätschaften extern verwaltet und im Diebstahlsfall vollständig und sicher zurückgesetzt werden können.

f) Fazit

Die Einhaltung der datenschutzrechtlichen Rahmenbedingungen im Home Office erfordert besondere Aufmerksamkeit. Die Gefahren und Risiken sind besonders hoch, dementsprechend hoch sind auch die Anforderungen an die technischen und organisatorischen Maßnahmen, die seitens des Arbeitgebers zu treffen sind. Ohne eine detaillierte vertragliche Regelung des Datenschutzes (einschließlich Kontroll- und Zutrittsrechte) ist eine Umsetzung der gesetzlichen Vorgaben nicht denkbar.

6. Schutz von Geschäftsgeheimnissen im Home Office

Der Schutz von Geschäftsgeheimnissen erfordert bereits seit Beginn des letzten Jahres die besondere Aufmerksamkeit von Unternehmen in Deutschland. Hintergrund ist das Inkrafttreten des Geschäftsgeheimnis-Schutzgesetzes (GeschGehG) am 26.4.2019.[55]

Die Beschäftigung von Mitarbeitern im Home Office bringt ein erhöhtes Risiko für den unberechtigten Zugriff Dritter auf vertrauliche Information von Unternehmen mit sich. Gleich ob es sich um Kundenlisten, Erfindungen oder Vertriebsstrategien handelt, ist ein Zugriff Dritter, gleich ob Familienangehörige, Besucher, Nachbarn oder gänzlich Unbefugter zu verhindern.

Erforderlich für das Vorliegen eines Geschäftsgeheimnisses ist laut GeschGehG, dass

- die Information nicht allgemein bekannt oder ohne Weiteres zugänglich und daher von wirtschaftlichem Wert ist,
- die Information den Umständen nach angemessenen Geheimhaltungsmaßnahmen unterliegt und
- ein berechtigtes Interesse an der Geheimhaltung besteht.

Der wesentliche Unterschied zur vorherigen Rechtslage ist die Einführung des unbestimmten Rechtsbegriffs „den Umständen nach angemessene Geheimhaltungsmaßnahmen". Zu den danach zu würdigenden Umständen wird dabei auch zu zählen sein, dass sich der Mitarbeiter im Home Office nicht in einem weitgehend abgeschirmten Geschäftsraum befindet, sondern in seinem häuslichen Umfeld, wobei in vielen Fällen nicht einmal sichergestellt ist, dass es sich um ein gesondertes Arbeitszimmer handelt.

Vor diesem Hintergrund ist vorab festzuhalten, dass das Gesetz weder eine absolute, noch eine größtmögliche Sicherheit voraussetzt. Eine absolute Sicherheit gibt es nicht, zu hohe Anforderungen können ebenfalls nicht gestellt werden, da der Begriff „angemessen" auch eine gewisse Wirtschaftlichkeit impliziert.

Ein im Home Office zu berücksichtigender Umstand ist, dass zuerst in jedem Einzelfall eine neue Risikobewertung vorgenommen werden muss, da sich die Lage im Home Office grundsätzlich von dem beruflichen Umfeld unterscheidet. Oftmals werden vertrauliche Dokumente ausgedruckt und liegen gelassen und geschäftliche Telefonate können mitgehört werden. Zudem ist an im privaten Umfeld mitt-lerweile gebräuchliche Gerätschaften wie Alexa, Siri oder Google Home zu denken, die ein erhebliches Risiko bei der Wahrung von Geschäftsgeheimnissen darstellen.

a) Maßnahmen zur Sicherung von Geschäftsgeheimnissen

Im Bereich der Arbeit im Home Office kommt internen Maßnahmen besondere Bedeutung zu. Dabei handelt es sich einerseits um vertragliche Maßnahmen, andererseits um organisations- und informationstechnische Maßnahmen, die kumulativ anzuwenden sind.

aa) Vertragliche Maßnahmen

Das wohl wichtigste Mittel eines wirksamen Geheimnisschutzes ist eine vertragliche Absicherung, mithin eine klare und rechtssichere Formulierung im Arbeitsvertrag und der gesonderten Home Office-Vereinbarung. Die in der Vergangenheit übliche Formulierung in Arbeitsverträgen, die Angestellten seien dazu verpflichtet, Geschäftsgeheimnisse vertraulich zu behandeln, reicht keineswegs mehr aus. Vielmehr ist eine klare vertragliche Vereinbarung erforderlich, die die zu wahrenden Geschäftsgeheimnisse möglichst genau umschreibt.

Hinzu kommt das Erfordernis, vertrauliche Dokumente entsprechend zu kennzeichnen, also auch für einen oberflächlichen Leser klar und deutlich zu machen, dass es sich um ein besonders zu schützendes Dokument handelt.

Hinzu kommen im Home Office (also in der Regel in der Home Office-Vereinbarung) möglichst klare Handlungsanweisungen für den Mitarbeiter. Dieser muss zum Beispiel ungeachtet einer schon bestehenden Firmenrichtlinie gesondert und deutlich darauf hingewiesen werden, dass er verpflichtet ist, Dokumente nicht oder nur eingeschränkt auszudrucken und gegebenenfalls wieder zu schreddern oder sicher zu verwahren und sich jederzeit beim Verlassen des Arbeitsplatzes auszuloggen. Hinzu kommen Verpflichtungen wie die Nutzung verschlüsselter Kommunikation (VPN-Verbindung) und das Gebot, Passwörter und vergleichbare Zugangsbeschränkungen jederzeit sicher und für Dritte unzugänglich zu verwahren.

HINWEIS Es ist empfehlenswert, für Mitarbeiter im Home Office klare Leitfäden zu erstellen, die mit anschaulichen Beispielen versehen, möglichst vollständig sämtliche Risikokonstellationen erfassen und dem Mitarbeiter klare Handlungsalternativen vermitteln und Verbote deutlich kennzeichnen.

Entsprechende Verpflichtungen sind auch für den Transport von Dokumenten zwischen Betrieb und Home Office bzw. für die Modalitäten des digitalen Austauschs zu vereinbaren.

bb) Organisations- und informations-technische Maßnahmen

Neben vertraglichen Maßnahmen empfiehlt sich organisatorisch insbesondere, sämtliche internen Prozessabläufe so zu strukturieren, dass Mitarbeiter im Home Office nur diejenigen Informationen erhalten, die sie unbedingt für die Verrichtung ihrer Arbeit benötigen. Das „need to know"-Prinzip ist eine der sichersten organisatorischen Maßnahmen zur Wahrung von Geschäftsgeheimnissen.

Bei der elektronischen Speicherung ist zu beachten, dass zusätzlich angemessene Sicherungsmaßnahmen gegen Eingriffe von außen ergriffen werden müssen. Zwar kann nicht jeder Hackerangriff verhindert werden, dennoch sind an die Verschlüsselung der Kommunikation und idealerweise des genutzten Heimnetzwerks ebenso hohe Anforderungen zu stellen, wie an den Passwortschutz und an regelmäßige Software-Updates.

HINWEIS Vor dem Hintergrund der erforderlichen organisations- und informationstechnischen Maßnahmen dürfte klar sein, dass die Einhaltung dieses Schutzstandards mit der Nutzung privater Gerätschaften kaum kompatibel ist. Es ist daher dringend anzuraten, das Home Office mit ausschließlich dienstlich zu nutzenden Geräten, die entsprechend vorkonfiguriert sind, auszustatten.

Zusätzlich ist daran zu denken, einen Datenzugriff über USB-Zugänge zu sperren und sämtliche Datenzugriffe und Datenübermittlungen zu protokollieren (was wiederum Mitbestimmungsrechte des Betriebsrats auslöst). Auch eine Druckerfreigabe sollte restriktiv gehandhabt werden.

b) Umgang mit besonders sensiblen Daten

Besondere Sorgfalt ist geboten, wenn der Mitarbeiter im Home Office sensible Daten verarbeiten soll, bei denen es sich oft zugleich um Geschäftsgeheimnisse handelt (zB Preislisten, Vergütungshöhe, Krankenstand). Diese sind bei vielen administrativen Funktionen, die prädestiniert für die Home Office-Tätigkeit sind, wie zum Beispiel HR und Finanzen/Buchhaltung, besonders relevant.

Im Rahmen der häuslichen Schutzmaßnahmen ist auch an die beliebten digitalen Assistenten wie „Alexa" und „Google Home" oder vergleichbare Produkte zu denken. Diese können bei nicht datenschutzkonformer Grundeinstellung vertrauliche Kommunikation aufzeichnen und weiterleiten bzw. abgehört werden. Die Nutzung derartiger digitaler Hilfssysteme in der Reichweite der häuslichen oder mobilen Arbeitsstätte muss daher vertraglich untersagt werden.

Besonderes Augenmerk ist auch der Dokumentenverwahrung zu widmen, soweit diese nicht in gesicherter digitaler Form erfolgt. Insbesondere der Ausdruck von Dokumenten ist in Hinblick darauf problematisch, als eine Verwahrung auch nicht mehr genutzter Dokumente ebenso sichergestellt werden muss wie auch eine sichere Entsorgung. Keinesfalls dürfen vertrauliche Geschäftsdokumente im privaten Hausmüll oder in der Papiertonne entsorgt werden. Im Zweifel empfiehlt sich die Ausstattung des Home Office mit einem professionellen Schredder. Alternativ müssen die Dokumente gesichert in die betriebliche Arbeitsstätte geschafft und dort fachgerecht entsorgt werden.

c) Fazit

Der Schutz vertraulicher Informationen von Unternehmen im Home Office bedarf besonderer Aufmerksamkeit. Die Risiken einer (unabsichtlichen) Offenbarung von Geschäftsgeheimnissen bei einer Tätigkeit im häuslichen Umfeld sind erfahrungsgemäß außergewöhnlich hoch. Umso mehr müssen alle technischen und organisatorischen Maßnahmen getroffen werden, um solche Risiken zu minimieren. Hinzu kommt neben entsprechenden vertraglichen Regelungen die Schaffung eines Gefährdungsbewusstseins bei den Mitarbeitern.

7. Arbeitsschutz im Home Office/Mobile Office

Auch bei einer Tätigkeit außerhalb der Betriebsräumlichkeiten ist es grundsätzlich die Aufgabe des Arbeitgebers, Maßnahmen zum Arbeitsschutz nach den Bestimmungen des ArbSchG zu ergreifen.

Welche Maßnahmen der Arbeitgeber konkret ergreifen muss, hängt von den Umständen des Einzelfalls ab. Zu vernünftigen Ergebnissen gelangt man dabei nur, wenn man die Arbeitsschutzpflichten des Arbeitgebers daran ausrichtet, was ihm rechtlich und tatsächlich möglich ist.[56] Zu beachten ist insbesondere, dass der Arbeitgeber wegen Art. 13 Abs. 1 GG nur begrenzte Zugriffsmöglichkeiten auf die heimische Arbeitsstätte des Arbeitnehmers hat.[57] Soweit vorrangig der Mitarbeiter selbst über seinen Arbeitsort und damit seine Arbeitsbedingungen entscheidet, bleiben dem Arbeitgeber in erster Linie organisatorische Schutzmaßnahmen, insbesondere Unterweisungen und Anweisungen zum Arbeitsschutz.[58]

Je größer der Gestaltungsspielraum des Mitarbeiters bezüglich seines Arbeitsortes ist, desto mehr Bedeutung erlangen die Mitwirkungspflichten des Mitarbeiters. Nach den §§ 15, 16 ArbSchG sind im Home Office tätige Mitarbeiter bspw. verpflichtet, dem Arbeitgeber Rückmeldung über bislang nicht berücksichtigte Gefährdungen zu geben, damit der Arbeitgeber diese ggf. beseitigen kann.[59]

a) Vorgaben des ArbSchG

Bei sämtlichen Formen der Arbeit außerhalb des Betriebs finden die allgemeinen Vorschriften des ArbSchG Anwendung. Danach ist der Arbeitgeber ua verpflichtet, die erforderlichen Maßnahmen des Arbeitsschutzes unter Berücksichtigung der Umstände zu treffen, die Sicherheit und Gesundheit der Beschäftigten bei der Arbeit beeinflussen, § 3 ArbSchG. Nach § 4 Abs. 1 Nr. 1 ArbSchG hat der Arbeitgeber die Arbeit so zu gestalten, dass eine Gefährdung für das Leben sowie die physische und psychische Gesundheit möglichst vermieden und die verbleibende Gefährdung möglichst gering gehalten wird. Welche Maßnahmen erforderlich sind, hat der Arbeitgeber gem. § 5 ArbSchG durch eine Gefährdungsbeurteilung zu ermitteln. Außerdem ist der Arbeitgeber gem. § 12 ArbSchG zur Unterweisung der Beschäftigten verpflichtet.

b) Vorgaben der ArbStättV

Arbeitet der Mitarbeiter an einem Telearbeitsplatz iSv § 2 Abs. 7 ArbStättV, finden die das ArbSchG konkretisierenden Vorschriften der ArbStättV Anwendung. Ein Telearbeitsplatz iSd ArbStättV liegt vor, wenn die Bedingungen der Telearbeit vertraglich zwischen Arbeitgeber und Mitarbeiter geregelt sind und der Arbeitgeber die benötigte Ausstattung des Telearbeitsplatzes mit Mobiliar, Arbeitsmitteln einschließlich der Kommunikationseinrichtungen bereitgestellt und installiert hat.[60] Liegt Telearbeit in diesem Sinne vor, ergibt sich die Pflicht zur Durchführung einer Gefährdungsbeurteilung aus § 3 ArbStättV. Bei der Einrichtung des Telearbeitsplatzes hat der Arbeitgeber die Vorgaben zur Gestaltung von Bildschirmarbeitsplätzen nach Nr. 6 des Anhangs zur ArbStättV zu beachten. Danach sind zB

- Bildschirmgeräte so aufzustellen und zu betreiben, dass die Oberflächen frei von störenden Reflexionen und Blendungen sind (Nr. 6.1 IV),

- die Arbeitsfläche vor der Tastatur muss ein Auflegen der Handballen ermöglichen (Nr. 6.1. VI 2) und

- die Beleuchtung muss der Art der Arbeitsaufgabe entsprechen und an das Sehvermögen der Beschäftigten angepasst sein (Nr. 6.1 VIII 1) etc.

Nach § 6 ArbStättV ist der Arbeitgeber darüber hinaus zur Unterweisung der telearbeitenden Mitarbeiter verpflichtet.

c) Gefährdungsbeurteilung

Die Gefährdungsbeurteilung dient der Identifikation möglicher Gesundheitsrisiken bei der Arbeit und ist das zentrale Element des Arbeitsschutzes bei allen Formen mobiler Arbeit – sowohl nach § 5 ArbSchG als auch nach § 3 ArbStättV. Nach beiden Vorschriften muss der Arbeitgeber die Gefährdungen am Arbeitsplatz ermitteln und die erforderlichen Maßnahmen des Arbeitsschutzes festlegen. Dabei kommen insbesondere folgende Faktoren als Gefährdungspotentiale in Betracht:

- schlechte ergonomische Gestaltung des Arbeitsplatzes,

- sonstige Gefahren im Home Office (zB Stolperfallen durch schlecht verlegte Kabel, unsichere Treppen, unbeleuchtete Flure etc.),

- Belastungen durch äußere Störfaktoren wie Lärm, Ablenkung durch Familienmitglieder oder Dritte, Hitze, Kälte, etc.,

- fehlende soziale Anbindung zu den im Betrieb tätigen Mitarbeitern,

- Monotonie der zu erbringenden Tätigkeit,

- psychische Belastungen des Arbeitnehmers durch hohen Zeitdruck, Entgrenzung und ständige Erreichbarkeit.[61]

Nach der SARS-CoV-2-Arbeitsschutzregel[62] sind auch die aufgrund der epidemischen Lage zusätzlich möglichen psychischen Belastungsfaktoren zu berücksichtigen.

Die für eine Gefährdungsbeurteilung erforderliche Informationsgewinnung gestaltet sich bei allen Formen mobilen Arbeitens schwierig. Je nach der konkreten Ausgestaltung ist zu unterscheiden:

Ist ein Telearbeitsplatz iSv § 2 Abs. 7 ArbStättV eingerichtet, muss der Arbeitgeber für die Durchführung der Gefährdungsbeurteilung die private Wohnung des Mitarbeiters betreten.[63] Sinnvollerweise wird die Beurteilung direkt anlässlich der Einrichtung durch den Arbeitgeber erledigt.

Der Vertrag über die Einrichtung eines Telearbeitsplatzes sollte nicht nur ausdrücklich ein Betretungsrecht für Vertreter des Arbeitgebers für Zwecke des Arbeitsschutzes vorsehen, sondern dem Arbeitgeber auch die Möglichkeit einräumen, den Arbeitnehmer an seinen Arbeitsplatz im Betrieb zurückzubeordern und im Extremfall die Vereinbarung zur Telearbeit zu beenden, wenn der Arbeitnehmer dem Arbeitgeber den Zutritt zum Telearbeitsplatz beharrlich verwehrt.

Ist ein „Home Office" vorgesehen, ohne dass der Arbeitgeber einen Telearbeitsplatz iSv § 2 Abs. 7 ArbStättV einrichtet, treffen den Arbeitgeber nicht die Pflichten aus der ArbStättV. Hier reicht es aus, wenn der Arbeitgeber dem Arbeitnehmer die Durchführung einer Gefährdungsbeurteilung vor Ort anbietet. Legt der Arbeitnehmer darauf keinen Wert, wird der Arbeitgeber seiner Ermittlungspflicht dadurch gerecht, dass er beim Mitarbeiter die relevanten Informationen standardisiert durch einen Fragebogen erhebt und die vom Arbeitnehmer gelieferten Informationen der Gefährdungsbeurteilung zu Grunde legt.[64] Der Arbeitgeber darf dabei auf die Richtigkeit dieser Informationen vertrauen, sofern sie nicht offensichtlich unrichtig oder widersprüchlich sind.[65]

Bei mobiler Arbeit[66] scheidet eine konkrete Beurteilung der Gefährdungen „vor Ort" aus. Hier genügt der Arbeitgeber seiner Verpflichtung zur Durchführung einer Gefährdungsbeurteilung, indem er abstrakt die typischerweise zu erwartenden Bedingungen zu Grunde legt.[67]

Für die Durchführung der Gefährdungsbeurteilung kommt es entscheidend darauf an, welche Form mobilen Arbeitens konkret vorgesehen ist.

Arbeitgeber sollten bei der Einführung von Home Office eine(n) konkrete(n) Fragebogen/Checkliste für ihre Mitarbeiter erstellen, um potentielle Gefährdungen zu ermitteln.

d) Maßnahmen zum Arbeitsschutz

Wurden im Rahmen einer Gefährdungsbeurteilung (potentielle) Gefahren ermittelt, müssen danach geeignete Schutzmaßnahmen ergriffen werden.

aa) Praktische Maßnahmen

Während der Arbeitgeber im Rahmen einer Gefährdungsbeurteilung in seinen Betriebsräumen erkannte Gefahren (zB Stolperschwellen, extreme Hitze durch direkte Sonneneinstrahlung, Zugluft, etc.) beseitigen kann (und muss), sind solche Maßnahmen außerhalb des Betriebs nicht in gleichem Maße um- und durchsetzbar, da hierfür der tatsächliche Zugriff bzw. die rechtlichen Befugnisse des Arbeitgebers weitgehend fehlen. Praktische Maßnahmen kommen wohl nur bei der Einrichtung eines Telearbeitsplatzes iSv § 2 Abs. 7 ArbStättV, insbesondere bei der Aufstellung der Bildschirmgeräte in Betracht (vgl. die Vorgaben zur Gestaltung von Bildschirmarbeitsplätzen nach Nr. 6 des Anhangs zur ArbStättV). Wären für ein sicheres Arbeiten weitergehende Maßnahmen erforderlich (insbesondere Umbauten, Umstellen von Möbeln etc.), sind solche Maßnahmen nur mit der Zustimmung des Arbeitnehmers möglich. Ist der Arbeitnehmer zu solchen Maßnahmen nicht bereit, kann der Arbeitgeber keinen Telearbeitsplatz iSv § 2 Abs. 7 ArbStättV einrichten. Auch mobiles Arbeiten wäre in diesem Fall nicht möglich, da der Arbeitgeber aufgrund der durchgeführten Gefährdungsbeurteilung Kenntnis davon hat, dass die Privaträume des Arbeitnehmers arbeitsschutzrechtlich ungeeignet sind.[68]

bb) Unterweisung der Arbeitnehmer gem. § 12 ArbSchG, § 6 ArbStättV

Bei sämtlichen anderen Formen des Arbeitens außerhalb des Betriebs beschränken sich die Maßnahmen va auf Unterweisungen und Anweisungen zum Arbeitsschutz. So heißt es auch in der SARS-CoV-2-Arbeitsschutzregel (unter Ziff. 4.2.4, Abs. 2):

„Beschäftigte sind im Hinblick auf einzuhaltende Arbeitszeiten, Arbeitspausen, darüber notwendige Dokumentation, die ergonomische Arbeitsplatzgestaltung und die Nutzung der Arbeitsmittel, zum Beispiel korrekte Bildschirmposition, möglichst separate Tastatur und Maus, richtige und wechselnde Sitzhaltung und Bewegungspausen zu unterweisen."

Unterweisungen sollten daher insbesondere Informationen zu folgenden Punkten beinhalten[69]:

- Ergonomische Einrichtung des Arbeitsplatzes,
- Möglichkeiten, gesundheitsgefährdende Risiken und ggf. Verbesserungsbedarf zu erkennen,
- Informationen hinsichtlich Unterbrechungen der Bildschirmarbeit durch vorzunehmende Tätigkeitswechsel und Arbeitspausen,
- Möglichkeiten, Belastungen durch ständige Erreichbarkeit zu vermeiden (eindeutige Trennung von Arbeitszeit und Freizeit),
- Verpflichtung der Arbeitnehmer, die erteilten Weisungen zu befolgen und bislang nicht erkannte Gefährdungsquellen unverzüglich mitzuteilen,
- Verbot der Arbeitsleistung unter für den Arbeitnehmer erkennbar gesundheitsgefährdenden Umständen.

Hat der Arbeitgeber im Rahmen seiner Gestaltungsmacht alle Schutzmaßnahmen getroffen und dem Beschäftigten die nötigen Anweisungen erteilt, darf er grundsätzlich davon ausgehen, dass der Arbeitsschutz am häuslichen Arbeitsplatz gewährleistet ist. Um die Gefährdungsbeurteilung aktuell zu halten, muss er sich jedoch in regelmäßigen Abständen beim Mitarbeiter erkundigen, ob sich Veränderungen am häuslichen Arbeitsplatz ergeben haben und – sollte dies der Fall sein – ggf. neue Schutzmaßnahmen ergreifen.[70]

e) Mitwirkungspflichten der Arbeitnehmer

Die arbeitsschutzrechtlichen Pflichten der Mitarbeiter haben bei Formen des mobilen Arbeitens eine herausgehobene Bedeutung. Ein außerhalb des Betriebs tätiger Mitarbeiter muss nach § 15 Abs. 1 S. 1 ArbSchG entsprechend der Weisungen des Arbeitgebers für seine eigene Sicherheit und Gesundheit sorgen und die ihm zur Verfügung gestellten Arbeitsmittel nach § 15 Abs. 2 ArbSchG bestimmungsgemäß verwenden. Nach § 16 Abs. 2 S. 1 ArbSchG ist er verpflichtet, den Arbeitgeber bei der Erfüllung seiner Arbeitsschutzpflichten zu unterstützen. Allerdings dürfen die Mitwirkungspflichten der außerhalb des Betriebs tätigen Mitarbeiter nicht dazu führen, dass der Arbeitgeber die ihm obliegenden Arbeitsschutzpflichten auf die Arbeitnehmer abwälzt.[71]

8. Unfälle im Home Office/ Mobile Office und Unfallversicherung

a) Gesetzliche Unfallversicherung

Grundsätzlich fallen auch Arbeitnehmer im Home Office unter den Schutz der gesetzlichen Unfallversicherung (§ 2 Abs. 1 Nr. 1 SGB VII). Allerdings ist nicht immer leicht zu beurteilen, wann ein Unfall im Sinne der gesetzlichen Unfallversicherung vorliegt.

Das Gesetz sieht vor, dass Arbeits- und bestimmte Wegeunfälle vom Versicherungsschutz gedeckt sind (vgl. § 7 und 8 SGB VII). Ein Arbeitsunfall iSv § 8 Abs. 1 SGB VII liegt vor, wenn das Unfallereignis während einer Tätigkeit eintritt, die der Arbeitnehmer zur Erfüllung seiner arbeitsvertraglichen Leistungspflicht vornimmt. Die Rechtsprechung verlangt hierbei eine sogenannte „objektive Handlungstendenz", welche gegeben ist, wenn der Versicherte eine dem Unternehmen dienende Tätigkeit ausübt bzw. ausüben will.[72] Entscheidend ist hierbei nicht, wie oft der Ort des Unfalls zur Ausübung der beruflichen Tätigkeit bereits genutzt wurde oder ob eine entsprechende Widmung stattfand, sondern allein, ob der Arbeitnehmer im Moment des Geschehens seiner beruflichen Tätigkeit nachkommen wollte.

b) Home Office

Da die im Home Office auszuführenden Tätigkeiten an sich meist am Schreibtisch stattfinden, sind die dort lauernden Gefahren für Leib und Leben zugegeben überschaubar. Häufiger sind Unfälle, die sich in anderen Räumen des häuslichen Umfelds ereignen. Diese sind meist dem Privatbereich des Arbeitnehmers zuzuordnen und daher nicht versichert. Rutscht beispielsweise ein Arbeitnehmer in seiner Küche aus bei dem Versuch, sich ein Getränk zu holen, entfällt der Versicherungsschutz, da hier nicht eine dem Unternehmen, sondern privaten Interessen dienende Verrichtung im Vordergrund steht.[73] Ebenfalls nicht als Arbeitsunfälle gewertet werden Verletzungen während der Nahrungsaufnahme, bei Haushaltstätigkeiten oder dem Gang zur Toilette.[74]

Auch Unfälle auf Betriebswegen können im Home Office zur Debatte stehen, also Verletzungen, die sich auf Wegen ereignen, die sich zwar im Wohnbereich des Arbeitnehmers befinden, die allerdings in Ausübung der versicherten Tätigkeit zurückgelegt werden. Auch hier ist entscheidend, ob der Arbeitnehmer den in Frage stehenden Weg im Moment des Unfalls genutzt hat, um seiner Tätigkeit als Beschäftigter nachzukommen.

In einem anderen Fall hat das Bundessozialgericht den Versicherungsschutz hingegen bejaht. Dort rutschte eine Arbeitnehmerin auf dem Weg in das im Keller liegende Arbeitszimmer auf der Treppe aus.[75] Da sie in ihrem Arbeitszimmer ein dienstliches Telefonat führen wollte, erkannte das Gericht einen versicherten Betriebsweg an.

Ein versicherter Wegeunfall iSv § 8 Abs. 2 SGB VII kommt bei im Home Office tätigen Arbeitnehmern nur in solchen Fällen in Betracht, in denen neben der Tätigkeit zu Hause auch die Betriebsstätte des Arbeitgebers aufgesucht wird. Der Weg vom Wohnhaus zum Betrieb und wieder zurück stellt einen nach § 8 Abs. 2 Nr. 1 SGB VII versicherten Weg dar. Der Versicherungsschutz endet allerdings grundsätzlich an der Haustür des Arbeitnehmers. Unfälle, die sich innerhalb des häuslichen Umfelds ereignen, stellen hingegen keine Wegeunfälle dar, sondern können allenfalls unter den oben genannten Voraussetzungen bei entsprechender Handlungstendenz Arbeitsunfälle – gegebenenfalls auf sogenannten Betriebswegen – iSd § 8 Abs. 1 SGB VII darstellen. Dasselbe gilt bislang, wenn der Arbeitnehmer seine

Wohnung an einem Home Office Tag zu privaten Zwecken verlässt.[76] Die derzeitigen Bestrebungen des Gesetzgebers scheinen dahin zu gehen, private Wege zwischen Wohnung und zB Kita an Tagen im Home Office künftig dem Schutz der gesetzlichen Unfallversicherung zu unterstellen.

c) Mobiles Arbeiten

Beim mobilen Arbeiten verhält es sich in vergleichbarer Weise: Versicherungsschutz besteht, soweit die Tätigkeit im Zeitpunkt des Unfalls betrieblichen Zwecken dient. Da hier jedoch – anders als im Home Office – überhaupt kein fester Arbeitsort vereinbart ist, stellt sich die Frage, ob Versicherungsschutz wirklich an jedem Ort bestehen kann, an dem der Arbeitnehmer seiner Arbeitspflicht nachkommt. Da es sich beim sogenannten Mobile Office um eine relativ neue Form des Arbeitens handelt, bleibt noch abzuwarten, wie die Rechtsprechung entsprechende Einzelfälle beurteilen wird. Letztendlich wird es bei der Frage nach dem Vorliegen eines Arbeitsunfalls ebenso wie beim Home Office im Einzelfall darauf ankommen, ob ein innerer betriebsbezogener Zusammenhang zwischen der Tätigkeit des Beschäftigten und dem Unfallgeschehen besteht. Verletzt sich zum Beispiel ein Beschäftigter bei einer Fahrradfahrt während er an einer dienstlichen Telefonkonferenz teilnimmt, wird die für einen Arbeitsunfall erforderliche objektive Handlungstendenz zwischen der Tätigkeit Fahrradfahren und der arbeitsvertraglichen Leistungspflicht wohl zu verneinen sein müssen. Dies gilt jedenfalls dann, wenn die Radtour aus privaten Gründen und nicht zum Erreichen eines Geschäftskunden oder der Betriebsstätte vorgenommen wird. (Und wenn Letzteres der Fall ist, wird es sich eher um einen Wegeunfall handeln als um einen durch das Telefonieren begründeten „Arbeitsunfall").

Anders müsste wohl ein Fall beurteilt werden, in dem sich ein Arbeitnehmer zur Beantwortung von E-Mails in ein Café setzt und dort vom Stuhl fällt. Hier erscheint der innere Zusammenhang und somit die objektive Handlungstendenz zwischen dem Sitzen im Café und der betrieblichen Tätigkeit nicht allzu weit hergeholt, sodass durchaus von einem versicherten Arbeitsunfall ausgegangen werden kann.

d) Haftung des Arbeitgebers

Im Fall eines versicherten Arbeitsunfalls trifft den Arbeitgeber in Bezug auf Personenschäden lediglich eine beschränkte Haftung. Gemäß § 104 Abs. 1 SGB VII haftet der Arbeitgeber nur für von ihm vorsätzlich herbeigeführte Arbeitsunfälle und Wegeunfälle im Sinne von § 8 Abs. 2 SGB VII, was infolge von begrenzten Einflussmöglichkeiten des Arbeitgebers

auf den Arbeitsplatz im Home Office/ Mobile Office kaum Praxisrelevanz haben dürfte.

Eine Vorschrift, die in Einzelfällen jedoch Bedeutung haben kann, ist § 110 Abs. 1 SGB VII. Hiernach kann der Sozialversicherungsträger den Arbeitgeber in Regress nehmen, wenn dieser den Versicherungsfall grob fahrlässig herbeigeführt hat. Grobe Fahrlässigkeit liegt vor, wenn die erforderliche Sorgfalt in ganz besonders schwerem Maße verletzt und selbst das nicht beachtet wurde, was im gegebenen Fall jedem einleuchten muss.[77] Das Nichtbeachten von Arbeitsschutz- und Unfallverhütungsvorschriften durch den Arbeitgeber kann eine grob fahrlässige Unfallverursachung begründen, wenn der Arbeitgeber entsprechende Gefahren gekannt hat oder hätte erkennen müssen, aber keine entsprechenden Maßnahmen getroffen hat, um einen Versicherungsfall zu verhindern. Insbesondere ein Verstoß gegen Unfallverhütungsvorschriften, die gerade vor tödlichen Gefahren schützen sollen, begründet in der Regel ein grob fahrlässiges Verhalten des Arbeitgebers.[78]

Jenseits konkreter Unfallverhütungsvorschriften – welche in der Regel für jeweilige Tätigkeitsbereiche durch die Berufsgenossenschaften aufgestellt werden und für die meisten Tätigkeiten außerhalb einer betrieblichen Arbeitsstätte keine Anwendung finden – kommt den Arbeitsschutzmaßnahmen besondere Bedeutung zu, die sich aus einer Gefährdungsbeurteilung durch den Arbeitgeber ergeben. Ein pflichtwidriges Verhalten kommt im Grunde dann in Betracht, wenn aufgrund einer fehlenden oder mangelhaften Gefährdungsbeurteilung des Arbeitsplatzes mögliche Gefahren nicht behoben oder gar nicht erst erkannt werden und es somit zum Schadenseintritt kommt.

Hierbei muss allerdings beachtet werden, dass je nach Art des Arbeitens unterschiedliche Anforderungen an die Gefährdungsbeurteilung gestellt werden[79]: Bei Teleheimarbeit sind durch die Einrichtung des Arbeitsplatzes durch den Arbeitgeber vor Ort die Anforderungen an die Gefährdungsbeurteilung höher anzusetzen als beispielsweise beim Home Office oder Mobile Office. Bei letzterem beschränkt sich die Pflicht des Arbeitgebers darauf, typischerweise zu erwartende Bedingungen der Arbeitsplatzsituation heranzuziehen und den Arbeitnehmer gegebenenfalls auf allgemeine Gefahren hinzuweisen.[80] Erlangt der Arbeitgeber keinerlei Kenntnis über mögliche Gefahren im Home Office/Mobile Office, hat er in der Regel auch keine Einflussmöglichkeiten auf deren Behebung.

Ergibt hingegen die Gefährdungsbeurteilung eines Teleheimarbeitsplatzes, dass sich beispielsweise durch mangelhafte Beleuchtung oder Stolperfallen Unfälle ereignen könnten, ist der Arbeitgeber verpflichtet, entsprechend Abhilfe zu schaffen bzw. der Arbeitnehmer zu verpflichten, dies zu tun. Nimmt er die entsprechende Gefährdungsbeurteilung gar nicht vor oder schafft er keine Abhilfe, obwohl ihm beides möglich gewesen wäre, erscheint es nicht ausgeschlossen, hier von grob fahrlässiger Unfallverursachung auszugehen.[81] Da jedoch die Rechtsprechung zur Begründung der groben Fahrlässigkeit zudem eine Verletzung der Sorgfalt in „ungewöhnlich hohem Maß" und einen „subjektiv nicht entschuldbaren Verstoß" gegen die Arbeitgeberpflichten verlangt[82], kann nicht pauschal bei Fehlern im Rahmen der Gefährdungsbeurteilung eine Haftung des Arbeitgebers begründet werden. Vielmehr richtet sich das nach den Umständen des Einzelfalls. Je geringer die Erkenntnis- und Einflussmöglichkeiten des Arbeitgebers auf die außerbetriebliche Arbeitssituation und die sich dort möglicherweise ergebenden Gefahren, desto unwahrscheinlicher ist ein Haftungsregress infolge eines Unfalls.

Hat der Arbeitgeber – wie beim Mobile Office – so gut wie keine Beurteilungs- und Einflussmöglichkeiten im Hinblick auf die Arbeitssituation, wird sich seine Verantwortung darauf beschränken, dem Arbeitnehmer „ungefährliche" Arbeitsmittel zur Verfügung zu stellen und ihn auf allgemeine Vorsichtsmaßnahmen hinzuweisen.

HINWEIS Auch wenn nur wenige Fallgestaltungen in Betracht kommen, die eine echte Haftung des Arbeitgebers oder einen Regress der Unfallversicherung für Unfälle des Arbeitnehmers bei mobilen Formen der Leistungserbringung begründen können, ist es empfehlenswert, mögliche Gefahren des jeweiligen heimischen oder mobilen Arbeitsplatzes nach den einschlägigen Vorschriften zu beurteilen und ggf. für Abhilfe zu sorgen bzw. darauf zu drängen.

HINWEIS Gerade unter dem Eindruck des aktuellen Geschehens sahen und sehen sich viele Arbeitgeber veranlasst, ihre Mitarbeiter notdürftig mit technischen Gerätschaften auszustatten und auf „gut Glück" in ein nicht näher definiertes „Home Office" zu entsenden. Häufig berichten die Verantwortlichen von einem diffusen Störgefühl wegen der damit verbundenen „Haftungsrisiken". Dieses Procedere ist sicher nicht der Idealfall und im Rahmen eines schrittweisen Übergangs zum „Normalbetrieb" sollten Gefährdungsbeurteilungen und etwa erforderliche Maßnahmen nachgeholt werden. Trotzdem sind auch ohne dies die Haftungsrisiken für den Arbeitgeber äußerst überschaubar: die meisten typischen Unfälle, die die im Home Office tätigen Mitarbeiter erleiden, sind normale Haushaltsunfälle und keine Arbeitsunfälle. Wenn sich ein Arbeitsunfall ereignet, tritt die gesetzliche Unfallversicherung ein. Ein Regress dürfte bei den üblichen Vorkommnissen in einem Home Office der Ausnahmefall sein.

HINWEIS Bei den unterschiedlichen Gestaltungen der mobilen Leistungserbringung ist im Hinblick auf den Versicherungsschutz der mobil arbeitende Arbeitnehmer im Vergleich zur betrieblichen Arbeit benachteiligt. Rutscht der Arbeitnehmer im Betrieb auf dem Weg zum Kaffeevollautomaten auf einer Bananenschale aus, ist dies ein Arbeitsunfall mit gesetzlichem Versicherungsschutz. Passiert dem Arbeitnehmer dasselbe daheim zwischen Home Office und Küche, hat der Arbeitnehmer keinen Versicherungsschutz. Wer seinen mobil arbeitenden Mitarbeitern – gerade in den aktuellen Zeiten, in denen viele Arbeitgeber auf die Flexibilität ihrer Mitarbeiter angewiesen sind – jenseits von Gefährdungsbeurteilung oÄ etwas Gutes tun will, dem sei der Abschluss einer privaten Unfallversicherung zu Gunsten der Mitarbeiter angeraten. Die Kosten werden – insbesondere für eine größere Mitarbeitergruppe – überschaubar bleiben und der Mitarbeiter hat einen echten Benefit: Versicherungsschutz auch dann, wenn ein Vorkommnis, das im Betrieb ein normaler Arbeitsunfall gewesen wäre, im Home Office bzw. beim mobilen Arbeiten eintritt.

e) Unfälle, die nicht von der gesetzlichen Unfallversicherung gedeckt sind

Insbesondere bei Schädigungen betriebsfremder Dritter durch den Arbeitnehmer ist eine Übernahme der Unfallkosten durch den Sozialversicherungsträger in den meisten Fällen ausgeschlossen. Verursachen beispielsweise für das Home Office zur Verfügung gestellte Betriebsmittel einen Brand in der Mietwohnung des Arbeitnehmers, ergeben sich Haftungsansprüche des Vermieters gegen den Arbeitnehmer sowie auch den Arbeitgeber. Es bietet sich an, sich vor solchen Schäden mittels einer Betriebshaftpflichtversicherung abzusichern.

HINWEIS Zur Verringerung wirtschaftlicher Risiken ist es ratsam, für die Tätigkeit der Mitarbeiter in mobilen Arbeitsformen eine Betriebshaftpflichtversicherung abzuschließen bzw. diese Risiken in eine bestehende Haftpflichtversicherung aufzunehmen.

9. Zugangsrecht

Den Arbeitgeber treffen im Hinblick auf Arbeits- und Datenschutz zahlreiche Pflichten im Zusammenhang mit der Tätigkeit von Arbeitnehmern im Home Office. Um überprüfen zu können, ob die vertraglichen und gesetzlichen Vorgaben auch tatsächlich umgesetzt werden, müssen der Arbeitgeber, ggf. auch der Betriebsrat, der betriebliche Datenschutzbeauftragte und die Fachkraft für Arbeitssicherheit, in der Lage sein, die ordnungsgemäße Einrichtung des heimischen Arbeitsplatzes zu überprüfen und regelmäßig zu kontrollieren. Dem steht auf Seiten des Arbeitnehmers (und seiner Mitbewohner) das Grundrecht auf Unverletzlichkeit der Wohnung aus Art. 13 GG gegenüber. Da es um den Schutz der Privatsphäre des Arbeitnehmers geht, ist es für den Arbeitgeber faktisch und rechtlich unmöglich, ohne Zustimmung des Arbeitnehmers zB eine Gefährdungsbeurteilung vor Ort durchzuführen.

Viele Home Office-Vereinbarungen sehen daher ein Recht auf Zutritt durch den Arbeitgeber (und ggf. andere Personen mit sachlichem Interesse) vor. Eine „Zwangsverpflichtung" des Arbeitnehmers verstößt allerdings nach ganz herrschender Meinung gegen das Gebot der Unverletzlichkeit der Wohnung nach Art. 13 GG, wenn sie ohne Einschränkung vereinbart wird.

In der Praxis finden sich meist Zutrittsrechte, die von einer Ankündigungspflicht, einer Zustimmung des Arbeitnehmers und seiner Mitbewohner, einem konkreten Anlass und von lang bemessenen Intervallen ausgehen. Es ist allerdings nicht zu verkennen, dass eine konsequente und dauerhafte Weigerung des Arbeitnehmers (bzw. seiner Mitbewohner) dazu führt, dass der Arbeitgeber faktisch seine Kontrollrechte nicht ausüben kann. In diesem Fall dürfte, sofern es zu unüberbrückbaren Konflikten kommt, eine (ggf. auch einseitige) Beendigung der Home Office-Vereinbarung durch den Arbeitgeber in Betracht kommen. In jedem Fall empfiehlt sich allerdings eine entsprechende vertragliche Regelung.

HINWEIS Ein gesetzlich verankertes Zutrittsrecht für den Arbeitgeber besteht nicht. Vor diesem Hintergrund ist die vertragliche Vereinbarung eines Zutrittsrechts unabdingbar, da ansonsten keine wirksamen Kontrollrechte ausgeübt werden können. Die Unverletzlichkeit der Wohnung (Art. 13 GG) steht dem nicht grundsätzlich entgegen, allerdings muss die Regelung verhältnismäßig sein. Erforderlich sind daher ausdrückliche Regelungen zu den Details des Zutrittsrechts, zB Zutritt nur nach Vereinbarung, nur zu konkreten Anlässen (zB der Einrichtung des Home Office und in regelmäßigen – nicht zu kurzen – Abständen) sowie erst nach Einholung einer etwaigen Zustimmung Dritter (zB Familienangehöriger).

Zusammenfassend lässt sich festhalten, dass die vertragliche Vereinbarung eines Zugangsrechts in der Praxis erheblichen Hürden begegnet. Tatsächlich kommt es allenfalls bei der Einrichtung des Home Office, zum Beispiel durch einen IT-Techniker des Arbeitgebers, zu einer Art Besichtigung. Im Regelfall haben weder der Arbeitgeber, noch die sonst berechtigten Betriebsbeauftragten ein Interesse an einer Begehung, selbst wo dies der Fall ist, scheitert die Ausübung von Kontrollrechten bei einer rechtzeitigen Ankündigung eines Besuchs wohl in der Regel daran, dass ein Arbeitnehmer sich auf einen solchen (seltenen) Besuch vorbereiten wird und es daher kaum möglich sein wird, echte Missstände festzustellen.

Ohnehin bestehen kaum Kontrollmöglichkeiten beim mobilen Arbeiten. Folgerichtig wird man den Arbeitgeber in erster Linie für verpflichtet halten müssen, sämtliche bestehenden technischen Mittel auszunutzen, um im Rahmen der Möglichkeiten und unter Wahrung der Persönlichkeitsrechte des Arbeitnehmers Kontrollen durchzuführen.

Zu denken ist insoweit an Video- oder Telefonkonferenzen, in denen dem Vertreter des Arbeitgebers dritte Personen im Hintergrund auffallen oder ein Antreffen des Arbeitnehmers im öffentlichen Raum mit einem Arbeitsmittel, bei dem zum Beispiel kein Sicht- und Tastaturschutz oder keine Bildschirmsperre erfolgt. In diesen Fällen besteht die Möglichkeit des Arbeitgebers einzuschreiten.

HINWEIS Zur Sicherung der Kontrollrechte kann daran gedacht werden, im Falle festgestellter Verstöße oder vertragswidriger Verweigerung des Zutritts eine (vorzeitige) Beendigung der Home Office-Tätigkeit durch den Arbeitgeber vorzusehen.

10. Haftung

Schädigt der Arbeitnehmer den Arbeitgeber im Rahmen der vertraglich vereinbarten Home Office-Tätigkeit (zB Beschädigung eines überlassenen Geräts) kommt ein arbeitsvertraglicher Schadensersatzanspruch in Betracht. Regelmäßig werden die Grundsätze der abgestuften Arbeitnehmerhaftung eingreifen. Danach kommt grundsätzlich nur bei Vorsatz und grober Fahrlässigkeit eine unbegrenzte Arbeitnehmerhaftung in Betracht, während bei mittlerer (normaler) Fahrlässigkeit der Schaden unter Berücksichtigung der Verantwortungsbeiträge quotal aufgeteilt wird und bei leichter Fahrlässigkeit eine Haftung vollständig entfällt.[83]

Problematisch erscheint, dass eine Haftungsbeschränkung nur dann eingreift, wenn der Schaden durch eine betrieblich veranlasste Tätigkeit verursacht wurde. Im Bereich des Home Office ist dabei allerdings zu berücksichtigen, dass hier eine Vermischung der betrieblichen Sphäre und der Privatsphäre vorliegt, die der Arbeitgeber akzeptiert, wenn nicht sogar initiiert hat. Daher können nur verkehrsunübliche bzw. erhöhte private Schadensrisiken ausgegrenzt werden.[84]

HINWEIS Zur Begrenzung der beiderseitigen Risiken sollte der Arbeitgeber für den Arbeitnehmer eine Haftpflichtversicherung abschließen, die einen im Home Office vom Arbeitnehmer verursachten Schaden abdeckt.

Zu denken ist auch daran, dass im Home Office ein zusätzliches Haftungsrisiko daraus resultiert, dass nicht nur der Arbeitnehmer, sondern auch Dritte (zB Familienangehörige, Mitbewohner, Besucher) Schäden verursachen können. Der Meinungsstand hierzu ist geteilt, bei Familienangehörigen und Mitbewohnern sollen die Prinzipien des Vertrages mit Schutzwirkung zugunsten Dritter eingreifen[85], zum Teil wird darüber hinausgehend vertreten, dass alle Personen in den Genuss der Haftungserleichterung kommen, die berechtigter Weise Zugang zur Wohnung des Arbeitnehmers haben.[86] Eine vertragliche Regelung und – soweit möglich – versicherungstechnische Absicherung der Risiken ist empfehlenswert.

HINWEIS Die Home Office-Vereinbarung bzw. die Vereinbarung zum mobilen Arbeiten sollte ausdrücklich vorsehen, dass die Gerätschaften des Arbeitgebers vor Beschädigungen weitestgehend geschützt werden. Darüber hinaus sollte die Absicherung über eine Hausrat- oder Haftpflichtversicherung erfolgen, wobei darauf zu achten ist, dass in den Versicherungsbedingungen das häusliche oder mobile Arbeiten vom Versicherungsschutz nicht ausgeschlossen wird.

Darüber hinaus kann der Arbeitgeber freiwillig Besucher und Angehörige des Mitarbeiters unter den Schutz der für den Arbeitnehmer geltenden Haftungserleichterungen stellen. Ohnehin steht dem Arbeitgeber in vielen Fällen eine versicherungsmäßige Absicherung gegen Geräteverlust oder Gerätebeschädigung zur Verfügung, die genutzt werden sollte. Im Bedarfsfall ist auch zu prüfen, ob der Schädiger über eine private Haftpflichtversicherung verfügt.

11. Zustimmung des Vermieters

Soweit ein Home Office in einer gemieteten Wohnung liegt, ist danach zu differenzieren, ob es sich um eine Tätigkeit handelt, die sich rein innerhalb der Wohnung abspielt oder eine Home Office-Tätigkeit, von der Außenwirkung ausgeht (zum Beispiel Besucherverkehr). Nur im letzteren Fall ist eine Erlaubnis des Vermieters erforderlich.[87]

Im Hinblick auf das Vermieterpfandrecht nach § 562 BGB ist es sinnvoll und erforderlich, sowohl im Home Office-Vertrag die Eigentumsverhältnisse klarzustellen als auch die eingebrachten Sachen deutlich als Eigentum des Arbeitgebers zu kennzeichnen (zB durch Aufkleber).

12. Zusätzlicher Gerichtsstand

Für arbeitsrechtliche Streitigkeiten sind oft mehrere Gerichte an unterschiedlichen Orten nebeneinander zuständig. Es wird zwischen allgemeinen und besonderen Gerichtsständen unterschieden. Ein allgemeiner Gerichtsstand ist nach § 46 Abs. 2 ArbGG, § 13 bzw. § 17 ZPO am Sitz des Arbeitgebers eröffnet. Daneben besteht beispielsweise ein Gerichtsstand am Sitz der Niederlassung nach § 21 ZPO sowie am vertraglichen Erfüllungsort, § 29 ZPO.

Nach § 48 Abs. 1a ArbGG ist zusätzlich ein Gerichtsstand am gewöhnlichen Arbeitsort des Arbeitnehmers eröffnet. Das bedeutet, dass Arbeitnehmer, die im Home Office tätig sind, unter gewissen Voraussetzungen ihren Arbeitgeber bei dem Arbeitsgericht verklagen können, das für ihren privaten Wohnsitz zuständig ist und dort auch vom Arbeitgeber verklagt werden können.

Die Eröffnung weiterer Gerichtsstände ist für sich genommen für beide Parteien neutral. Vor- und Nachteile können sich ergeben, wenn ein solcher Gerichtsstand weit vom Sitz/Wohnort der anderen Partei entfernt liegt und eine Partei daher bei Rechtsstreitigkeiten einen erheblichen Reiseaufwand zu erwarten hat. In solchen Fällen wird die Auswahl des Gerichts für die klagende Partei Teil der strategischen Überlegungen.[88]

HINWEIS Im Arbeitsrecht können mit Arbeitnehmern vor Entstehen einer Streitigkeit weder Gerichtsstandvereinbarungen abgeschlossen noch bestimmte Gerichtsstände ausgeschlossen werden.

a) Gewöhnlicher Arbeitsort bei Home Office

Nach § 48 Abs. 1a S. 1 ArbGG ist entscheidend, wo die Arbeitsleistung gewöhnlich erbracht wird. In der Gesetzesbegründung heißt es hierzu:

„Erfolgt die Erbringung der Arbeitsleistung gewöhnlich an mehreren Orten, ist der Ort zu bestimmen, an dem die Arbeitsleistung überwiegend erbracht wird. Dies kann auch der Ort sein, an dem die Arbeit gemessen an der Gesamtdauer des

Arbeitsverhältnisses erst kurzzeitig geleistet wurde, wenn auf der Grundlage des Arbeitsvertrags an diesem Ort die Arbeitsleistung bis auf Weiteres verrichtet werden soll. Der gewöhnliche Arbeitsort ändert sich nicht dadurch, dass die Arbeitnehmerin oder der Arbeitnehmer die Arbeitsleistung vorübergehend an einem anderen Ort erbringt."[89]

Hieraus ergibt sich Folgendes:

- Der zusätzliche Gerichtsstand am Wohnsitz des Arbeitnehmers besteht unproblematisch in dem Fall, in dem der Mitarbeiter ausschließlich und dauerhaft aus dem Home Office heraus tätig wird. Hier bildet das Home Office regelmäßig den tatsächlichen Mittelpunkt der Berufstätigkeit des Arbeitnehmers.

- Wird Home Office nur vorübergehend – zB für einige Monate zur Überbrückung der Corona-Pandemie – eingeführt und ist vereinbart, dass der Mitarbeiter anschließend wieder in seinem Büro am Betriebssitz arbeitet, wird kein zusätzlicher Gerichtsstand am Wohnsitz des Arbeitnehmers begründet.

- Wird der Arbeitnehmer auch außerhalb des Home Office arbeitsvertraglich tätig, va bei alternierender Telearbeit oder Mobile Office, ist entscheidend, an welchem Ort sich der tatsächliche Mittelpunkt der beruflichen Tätigkeit befindet. Dieser bestimmt sich danach, wo der überwiegende zeitliche Anteil der Arbeitsleistung erbracht wird.

HINWEIS Bei der dauerhaften Einführung von Home Office sollte beachtet werden, dass hierdurch regelmäßig ein neuer Gerichtsstand am Wohnsitz des Arbeitnehmers begründet wird.

HINWEIS Soweit der Einsatz im Home Office nur für einen überschaubaren Zeitraum beabsichtigt ist – beispielsweise als Notfallmaßnahme im Rahmen der Corona-Pandemie – bewirkt die ausdrücklich vereinbarte zeitliche Begrenzung auch, dass am Wohnsitz des Arbeitnehmers kein zusätzlicher Gerichtsstand entstehen kann, was für den Arbeitgeber regelmäßig vorteilhaft ist.

b) Wechselnder Arbeitsort bei mobiler Arbeit

Wenn ein „gewöhnlicher Arbeitsort" im vorgenannten Sinne nicht ermittelt werden kann, ist nach § 48 Abs. 1a S. 2 ArbGG auf den Ort abzustellen, „von dem aus" der Arbeitnehmer seine Arbeit gewöhnlich verrichtet oder zuletzt gewöhnlich verrichtet hat. Danach kann auch der Wohnort Arbeitsort im Sinne

dieser Vorschrift sein, wenn dort die mit der Arbeitsleistung verbundenen Tätigkeiten ausgeübt werden.

Die Regelung findet va bei Außendienstmitarbeitern mit immer neuen Einsatzorten Anwendung, ohne dass an einem dieser Orte der Hauptteil der Arbeitszeit verbracht wird. Voraussetzung für einen zusätzlichen Gerichtsstand am Wohnsitz ist dann aber, dass sie ihre Arbeitsleistung zu Hause planen, dort Berichte verfassen oder sonstige mit der Arbeitsleistung verbundene Tätigkeiten ausüben. So kann auch für Arbeitnehmer im Mobile Office ein zusätzlicher Gerichtsstand am Wohnort begründet sein, wenn eben dieser Wohnort der zentrale Punkt ist, von dem aus der Arbeitnehmer seine Arbeit organisiert und von wo aus er zum „Mobilen Arbeiten" ausrückt.

HINWEIS Auch bei der Vereinbarung von Mobile Office kann uU ein zusätzlicher Gerichtsstand am Wohnsitz des Arbeitnehmers begründet werden.

13. Herausgabe von Arbeitsmitteln

Soweit nicht ausnahmsweise eine anderweitige vertragliche oder kollektivrechtliche Regelung existiert, kann der Arbeitgeber vom Arbeitnehmer jederzeit die Herausgabe der dem Arbeitnehmer überlassenen Arbeitsmittel, Datenträger und Unterlagen nach § 667 BGB bzw. §§ 861, 985 BGB verlangen. Die Herausgabepflicht besteht unabhängig vom Fortbestand des Arbeitsverhältnisses bzw. vom Fortbestand oder der Beendigung der Vereinbarung über die mobile Form der Leistungserbringung.

Die Rückgabe der für die mobile Tätigkeit ausgehändigten Arbeitsmittel an den Arbeitgeber führt allerdings noch nicht zu einem rechtlichen Erlöschen der im konkreten Fall vereinbarten mobilen Form der Leistungserbringung. Vielmehr bleibt die zwischen den Parteien bestehende Vereinbarung über das Home Office oder die mobile Leistungserbringung auch dann bestehen, wenn der Arbeitgeber vom Mitarbeiter die Herausgabe der hierfür zur Verfügung gestellten Betriebsmittel verlangt. Entspricht der Mitarbeiter diesem Verlangen des Arbeitgebers, wird dies regelmäßig dazu führen, dass der Arbeitgeber mit der Annahme der vom Arbeitnehmer ordnungsgemäß angebotenen Arbeitsleistung – nämlich gemäß den bestehenden Abreden mobil bzw. im Home Office – in Verzug gerät. Der Arbeitnehmer behält in diesem Fall seinen Vergütungsanspruch, ohne arbeiten zu müssen. Der Arbeitgeber kann den Arbeitnehmer auf diese Weise nicht zur Arbeitsaufnahme im Betrieb zwingen.

14. Home Office und mobiles Arbeiten im Ausland

Die Corona-Pandemie hat bei vielen Arbeitnehmern den Wunsch geweckt, die Home Office Tätigkeit im Ausland zu verrichten. Einige Staaten werben aktiv mit Jahresvisa zu attraktiven Konditionen, in anderen Fällen wird die Nähe der im Ausland befindlichen Familie gesucht. Für den Arbeitgeber kann die Verlagerung der mobilen Arbeit ins Ausland zu erheblichen Risiken führen. Es können hier nur die wichtigsten Themen kurz angesprochen werden.

a) Ausländerrecht

Je nach Tätigkeitsort kann das Ausländerrecht, insbesondere das Erfordernis der Beantragung einer Arbeitserlaubnis eine Rolle spielen. Dies ist (je nach Staatsangehörigkeit) in EU/EWR oft nicht problematisch, jedoch in fast allen Fällen der Beschäftigung in einem Drittstaat. In manchen Ländern bestehen darüber hinaus Registrierungspflichten auch für das Unternehmen und den Arbeitnehmer.

b) Arbeitsrecht

In fast allen Staaten ist zwingendes Arbeitnehmerschutzrecht ab dem ersten Tag der Beschäftigung anzuwenden, zB das lokale Arbeitszeitrecht (einschl. Feiertagen und Feiertagsarbeit). Innerhalb der EU ist die Anwendbarkeit der Entsenderichtlinie und das darauf beruhende nationale Recht zu prüfen (insbesondere erscheint zweifelhaft sich insoweit auf den Wunsch des Arbeitnehmers zu verlassen/berufen), außerhalb der EU gelten oftmals noch weitergehende Bestimmungen bis hin zum Erfordernis eines Arbeitsvertrages nach lokalem Recht. In der aktuellen Pandemie-Lage ist auch zu klären, wer die Risiken einer etwaigen Erkrankung bzw. Quarantäne und etwaiger Reisebeschränkungen trägt.

Weitere regelungsbedürftige Aspekte ergeben sich zum Datenschutz und zur Geheimhaltung, insbesondere bei Arbeitsorten außerhalb der EU.

c) Sozialversicherungsrecht

Bei Tätigkeiten außerhalb der EU kann es zu doppelten Beitragspflichten in Deutschland und im Ausland kommen. In der EU ist ggf. auf die Mitführung der A1 Bescheinigung zu achten (weitere Hinweise und elektronische Antragstellung über die Clearingstelle der DVKA: https://www.dvka.de/de/arbeitgeber_arbeitnehmer/antraege_finden/elektronisches_antragsverfahren.html). Nach der VO 883/2004 gilt bei Tätigkeit in mehreren EU-Staaten, dass es bei der Zuständigkeit des Wohnsitzstaates verbleibt, wenn die Tätigkeit im Ausland weniger als 25 % der Gesamtjahrestätigkeit ausmacht.

Wichtig ist jedoch die Beachtung der Leistungsseite, vor allem im Hinblick auf Krankheit und Unfälle. Es ist unbedingt vorab zu klären, welcher Versicherungsschutz fortbesteht und welche Risiken auf Kosten welcher Vertragspartei privat abzusichern sind.

d) Steuerrecht

In den meisten Fällen einer kurzzeitigen Tätigkeit im ausländischen Home Office wird keine Veränderung des Steuerstatus eintreten (in der EU gilt bei Beibehaltung des deutschen Wohnsitzes die 183 Tage Regelung). Da die meisten Doppelbesteuerungsabkommen unterschiedlich gestaltet sind und in einigen Fällen gar keine Regelung besteht, sollte dies jeweils vorab geprüft werden. Anders kann die Bewertung sein, wenn der Arbeitnehmer (und sei es auch nur temporär) seinen deutschen Wohnsitz aufgibt.

Die größte Gefahr für Arbeitgeber besteht darin, dass durch das Home Office eines Mitarbeiters im Ausland eine steuerlich relevante Betriebsstätte des Arbeitgebers entsteht (etwa wenn der Mitarbeiter dort Räumlichkeiten anmietet oder Verträge abschließt). Dieses Risiko ist vorab anhand der Betriebsstättendefinition des ausländischen Steuerrechts zu prüfen.

HINWEIS Es sollte eine schriftliche Vereinbarung abgeschlossen werden, die die Themen Wohnsitz, Umfang der Tätigkeit, Rückkehr auf Weisung, zeitliche Begrenzung (zur Vermeidung sozial- und steuerrechtlicher Komplikationen) adressiert.

e) Große Gefahr: Das eigenmächtige Home Office im Ausland

Die größten Gefahren bestehen dann, wenn der Mitarbeiter eigenmächtig vom Ausland aus mobil arbeitet. Dann besteht keine vertragliche Regelung der og Punkte, dem Arbeitgeber wird vielfach gar nicht bewusst sein, wo sich der Arbeitnehmer befindet und bspw. weiterhin SV-Beiträge im Inland abführen.

 TIPP:

Arbeitgeber sollten in der Home-Office-Vereinbarung und einer allgemeinen Anweisung (Unternehmensrichtlinie) eigenmächtige Auslandstätigkeit ohne Vereinbarung strikt untersagen, um arbeitsrechtliche Konsequenzen bei Zuwiderhandlung ziehen zu können und Risiken gegenüber ausländischen Behörden zu minimieren. Immer sollte unverzüglich eingeschritten werden, wenn ein Anhaltspunkt für eine ungewollte Auslandstätigkeit vorliegt. Die weit verbreitete Einstellung, es könne dem Arbeitgeber gleich sein, von wo aus der Arbeitnehmer tätig wird, kann kostspielig und haftungsträchtig sein.

IV. Die Beendigung des Home Office

Welche Maßnahmen erforderlich sind, um eine mobile Arbeitsform wieder abzuschaffen, hängt maßgeblich davon ab, welche mobile Arbeitsform (→ I. 2.) auf Basis welcher Rechtsgrundlage (→ II.) besteht.

1. Einvernehmliche Maßnahmen

a) Aufhebung des Arbeitsvertrages insgesamt

Mit einvernehmlicher Aufhebung des Arbeitsvertrages insgesamt enden sämtliche Leistungspflichten der Parteien. Dies betrifft auch die Arbeitspflicht des Arbeitnehmers. Ein vom Arbeitgeber eingerichteter Telearbeitsplatz, ein Home Office und alle anderen denkbaren mobilen Arbeitsformen enden mit Ablauf des letzten Tages eines Arbeitsverhältnisses automatisch.

b) Einvernehmliche Beendigung

Den Parteien steht es zu jedem Zeitpunkt des Arbeitsverhältnisses frei, Regelungen zu einem vom Arbeitgeber eingerichteten Telearbeitsplatz bzw. zu einem Home Office/Mobile Office einvernehmlich aufzuheben. Mit dem von den Parteien für die Aufhebung gewählten Zeitpunkt ist der Arbeitnehmer dann nicht mehr berechtigt und verpflichtet, seine Arbeitsleistung an dem vorher maßgeblichen Arbeitsort zu erbringen.

HINWEIS Die einvernehmliche Aufhebung mobiler Arbeitsformen führt regelmäßig zu Folgefragen. Insbesondere ist regelungsbedürftig, wo und wie der Arbeitnehmer im Anschluss seine Arbeitsleistung zu erbringen hat. Regelmäßig ist es ratsam, diese Fragen im Zuge der Vertragsänderung zu regeln, um spätere Auseinandersetzungen zu vermeiden.

HINWEIS Auch wenn die Aufhebung einer mobilen Form der Leistungserbringung einvernehmlich geschieht, wird sie regelmäßig zu einer Änderung des Arbeitsorts und der Arbeitsumstände führen und damit eine Versetzung iSv §§ 95 Abs. 3, 99 BetrVG darstellen. Soweit ein Betriebsrat gebildet ist, ist dieser zuvor nach § 99 BetrVG anzuhören.[90]

HINWEIS Gerade bei Änderungen des Arbeitsortes ist sorgfältig zu prüfen, welcher Betriebsrat gemäß § 99 BetrVG zu beteiligen ist. Soll ein Arbeitnehmer nach der Beendigung einer mobilen Form der Leistungserbringung seine Arbeitsleistung in einem Betrieb des Arbeitgebers erbringen, der nicht identisch ist mit dem Betrieb, dem er während seiner mobilen Tätigkeit betriebsverfassungsrechtlich zugeordnet war[91], so ist im Rahmen der Beteiligung nach § 99 BetrVG sowohl der Betriebsrat des abgebenden Betriebs wie auch der des aufnehmenden Betriebs anzuhören. Wird dies übersehen, könnte einer der Betriebsräte noch Jahre später die Rückgängigmachung der Maßnahme vom Arbeitgeber verlangen.

c) Einvernehmliche Änderung des Vertragsinhalts

Ebenso wie die Vertragsparteien eine bestehende Form der mobilen Leistungserbringung einvernehmlich aufheben können, steht es den Vertragsparteien jederzeit frei, einvernehmlich eine Veränderung dieser Regelung zu vereinbaren. So können die Vertragsparteien den Umfang der mobilen Leistungserbringung beliebig ausweiten oder einschränken, zwischen verschiedenen Formen der mobilen Leistungserbringung wechseln oder beliebig vermischen.

d) Formale Anforderungen

Für die rechtliche Wirksamkeit von vertraglichen Vereinbarungen zur Abschaffung oder Veränderung mobiler Formen der Leistungserbringung bestehen von Gesetzes wegen keine Formerfordernisse.

Endet die mobile Form der Leistungserbringung dadurch, dass das Arbeitsverhältnis insgesamt beendet wird, bedarf natürlich der Aufhebungsvertrag als solcher gemäß § 623 BGB der Schriftform.

HINWEIS Auch wenn ein gesetzliches Schriftformerfordernis für die einvernehmliche Beendigung oder Abänderung mobiler Formen der Leistungserbringung nicht besteht, ist dringend anzuraten, derartige Vereinbarungen zumindest in Textform niederzulegen. Spätere Auseinandersetzungen können auf diese Weise effektiv verhindert werden.

Besondere Vorsicht ist geboten, wenn der Arbeitsvertrag eine Schriftformklausel oder eine sonstige besondere Regelung zu Formerfordernissen für Vertragsänderungen vorsieht. In diesen Fällen sollte der Arbeitgeber für alle Vertragsänderungen die vertraglich vereinbarte Form strikt beachten. Ansonsten sind derartige Vereinbarungen aufgrund des Vorrangs der Individualabrede zwar zugunsten der Mitarbeiter wirksam. Der Arbeitgeber selbst kann sich jedoch nicht auf die Unwirksamkeit seiner eigenen Schriftformklausel berufen. Soweit der Arbeitgeber aus einer derartigen, der vertraglich vorgesehenen Form nicht entsprechenden Vereinbarung Vorteile herleiten will, kann sich der Arbeitnehmer auf die Unwirksamkeit der Regelung wegen des Formmangels berufen.[92]

2. Automatisch eintretende Beendigung

a) Ablauf einer vereinbarten Befristung

Haben die Vertragsparteien wirksam vereinbart, dass die konkrete Form der mobilen Leistungserbringung nur für einen bestimmten Zeitraum innerhalb des Arbeitsverhältnisses gelten soll, endet dieser Vertragsinhalt mit Ablauf des vereinbarten Befristungszeitraums. Danach gilt im Hinblick auf den Ort und die sonstigen Umstände der Leistungserbringung dann wieder das, was zuvor maßgeblich war bzw. das, was die Parteien für diesen Fall vereinbart haben.

Die rechtlichen Details für die Zulässigkeit der Befristung einzelner Arbeitsbedingungen sind nach wie vor nicht geklärt. In der Rechtsprechung ist die Möglichkeit derartiger Befristungen inzwischen im Grundsatz anerkannt.[93] Geklärt ist inzwischen auch, dass das TzBfG auf die Befristung einzelner Arbeitsbedingungen keine Anwendung findet. Dies folgt eindeutig aus dem Wortlaut von § 14 Abs. 1 S. 1 TzBfG. Dort ist ausschließlich von der Befristung „eines Arbeitsvertrages", also des Vertrags insgesamt und nicht einzelner Bedingungen, die Rede.[94]

Stattdessen ist die Befristung einzelner Arbeitsbedingungen – und damit auch die befristete Vereinbarung mobiler Formen der Leistungserbringung – gemäß § 307 Abs. 1 BGB auf ihre Angemessenheit hin zu überprüfen.[95]

Da nach § 310 Abs. 3 S. 2 BGB grundsätzlich jeder vom Arbeitgeber vorformulierte Vertragstext als Einmalbedingung der AGB-Kontrolle unterliegt, wird jede vom Arbeitgeber produzierte Formulierung zur befristeten Vereinbarung einer mobilen Einsatzform an diesem Maßstab zu messen sein. Nach § 307 Abs. 1 BGB sind Bestimmungen in allgemeinen Geschäftsbedingungen unwirksam, wenn sie den Vertragspartner des Verwenders entgegen den Geboten von Treu und Glauben unangemessen benachteiligen. Im Rahmen der damit erforderlichen Angemessenheitsprüfung greift die Rechtsprechung regelmäßig auf die in § 14 Abs. 1 TzBfG aufgeführten Sachgründe zurück. Liegt ein Sachgrund vor, der sogar die Befristung des Arbeitsverhältnisses insgesamt gerechtfertigt hätte, muss aus den gleichen Gründen auch die Befristung einzelner Arbeitsbedingungen möglich sein.[96]

Bei der Übertragung dieses zentralen Grundsatzes auf die befristete Vereinbarung mobiler Formen der Leistungserbringung stößt man unweigerlich auf praktische Schwierigkeiten. Während die befristete Übertragung einer Beförderungsposition unter dem Sachgrund des „Vertretungsfalls" nach diesem Prinzip durchaus gerechtfertigt werden kann, lässt sich die befristete Vereinbarung eines anderen Arbeitsortes mit den klassischen Befristungsgründen aus § 14 Abs. 1 TzBfG regelmäßig nur schwer begründen. Tauglicher erscheint die „Eigenart der Arbeitsleistung" iSv § 14 Abs. 1 Ziff. 4 TzBfG in Fällen, in denen sich darstellen lässt, dass die mobile Arbeitsform nur für einen bestimmten, aber zeitlich beschränkten Arbeitsinhalt umsetzbar ist und der Arbeitnehmer nach Beendigung dieser konkreten Arbeitsaufgabe sinnvollerweise nur im Betrieb eingesetzt werden kann. Auch könnten „in der Person des Arbeitnehmers liegende Gründe" iSv § 14 Abs. 1 Ziff. 6 TzBfG herangezogen werden, wenn der Arbeitnehmer von sich aus die mobile Arbeitsgestaltung nur für einen vorübergehenden Zeitraum auf sich nehmen möchte. Im Übrigen wird die Berücksichtigung der in § 14 Abs. 1 TzBfG genannten Sachgründe im Rahmen der Angemessenheitsprüfung nach § 307 Abs. 1 BGB praktisch wenig ergiebig sein.

Nach den von der Rechtsprechung aufgestellten Grundsätzen kann die vereinbarte Befristung einzelner Vertragsbedingungen aber auch dann angemessen sein, wenn die Voraussetzungen für die Befristung des Arbeitsvertrages insgesamt nach § 14 Abs. 1 TzBfG nicht vorlägen. Besonders kritisch betrachtet die Rechtsprechung die Befristung einzelner Vertragsinhalte dann, wenn die Teilbefristung im Zuge der erstmaligen Begründung des Arbeitsverhältnisses erfolgt oder wenn die synallagmatischen Hauptleistungspflichten (insbesondere Arbeitsmenge/Entgelt) betroffen sind.[97] Die synallagmatischen Hauptleistungspflichten sind bei einer Vereinbarung zum Arbeitsort aber gerade nicht betroffen. Es lässt sich daher mit guten Argumenten vertreten, dass die Befristung einer Vereinbarung zur mobilen Leistungserbringung auch außerhalb der Fallgruppen des § 14 Abs. 1 TzBfG wirksam sein kann, sofern nicht im Ausnahmefall besondere Umstände bestehen, die diese Vereinbarung als unangemessen erscheinen lassen.

Abzulehnen ist in diesem Zusammenhang die Auffassung, dass der tragende Grund für die Befristung in der Befristungsabrede selbst benannt werden muss.[98] Den gesetzlichen Transparenzanforderungen ist Genüge getan, wenn die Befristungsabrede als solche klar und unmissverständlich festgehalten ist.[99]

HINWEIS Will sich der Arbeitgeber vor einer zeitlich unbeschränkten Gewährung einer mobilen Form der Leistungserbringung schützen und die möglichen Schwierigkeiten einer einseitigen Beendigung einer derartigen Vereinbarung vermeiden, empfiehlt es sich, diese mobile Form der Leistungsgewährung von Vornherein nur befristet zu gewähren. Auch wenn die Details zur Zulässigkeit derartiger Vereinbarungen noch nicht abschließend geklärt sind, bietet eine solche Vereinbarung dem Arbeitgeber eine zusätzliche Chance zur Beendigung dieser Arbeitsform.

HINWEIS Die befristete Vereinbarung einzelner Arbeitsbedingungen bedarf nicht der Schriftform nach § 14 TzBfG. Trotzdem ist es dringend zu empfehlen, eine derartige Vereinbarung schriftlich festzuhalten, um Beweisschwierigkeiten im Hinblick auf das Zustandekommen der Befristungsabrede zu vermeiden.

Die Befristung der Vereinbarung über die mobile Leistungserbringung kommt nur dann in Betracht, wenn sie als Zusatzvereinbarung zu einem bereits bestehenden Arbeitsverhältnis vereinbart wird. Ist das Arbeitsverhältnis von Vornherein darauf gerichtet, dass ein Mitarbeiter seine Arbeitsleistung ausschließlich mobil oder von einem Telearbeitsplatz aus erbringt, wird eine Befristung dieser Arbeitsbedingung regelmäßig nicht in Betracht kommen, weil diese entweder schon nicht den dann maßgeblichen Anforderungen der Rechtsprechung entspricht, weil sich der Arbeitnehmer auf diese Vereinbarung nicht einlässt oder weil der Rest des Arbeitsverhältnisses nach Auslaufen dieser Befristung dann nicht mehr sinnvoll durchzuführen ist.

b) Umzug des Arbeitnehmers

Ein Umzug des Arbeitnehmers betrifft die Durchführung der vereinbarten Form der mobilen Leistungserbringung je nach den konkreten Inhalten der Vereinbarung unterschiedlich stark.

Haben die Parteien ein Mobile Office in dem Sinne vereinbart, dass der Arbeitnehmer ganz oder teilweise berechtigt ist, den Ort seiner Leistungserbringung eigenständig zu bestimmen, wirkt sich ein Umzug des Arbeitnehmers regelmäßig nicht aus.[100]

Haben die Parteien eine Home Office-Vereinbarung dergestalt getroffen, dass der Arbeitnehmer ohne Einrichtung eines Telearbeitsplatzes mithilfe der vom Arbeitgeber gestellten Gerätschaften seine Arbeitsleistung ganz oder teilweise von seiner Wohnung aus erbringt, kann sich ein Umzug des Arbeitnehmers durchaus auswirken. Zwar wird es für den Arbeitgeber in den wenigsten Fällen von entscheidender Bedeutung sein, dass der Arbeitnehmer seine Arbeitsleistung von einer konkreten Heimatadresse aus erbringt. Der Arbeitgeber hat aber regelmäßig ein Interesse daran, dass das Home Office konkreten, gegebenenfalls vertraglich näher definierten Ansprüchen genügt (zB ein separates, abschließbares Arbeitszimmer besteht, unbefugte Dritte keinen Zutritt haben, etc.). Diese Umstände können nach einem Umzug völlig neu zu bewerten sein.

In solchen Fällen wird der Umzug nicht automatisch zu einer Beendigung der Vereinbarung zur mobilen Leistungserbringung führen. Typischerweise wird der Arbeitgeber zur Kündigung dieser Vereinbarung berechtigt sein, wenn wesentliche Aspekte für die konkrete Form der mobilen Leistungserbringung am neuen Wohnort des Arbeitnehmers nicht mehr gewährleistet sind.

HINWEIS Die Home Office-Vereinbarung sollte ausdrücklich regeln, dass der Arbeitnehmer verpflichtet ist, dem Arbeitgeber jede Verlegung seines Wohnsitzes und eine Veränderung der tatsächlichen Umstände, die für die Gewährung des Home Offices maßgeblich sind, anzuzeigen. Die Home Office-Vereinbarung sollte ausdrücklich eine Kündigungsmöglichkeit für den Arbeitgeber vorsehen, wenn aufgrund einer derartigen Veränderung bestimmte Bedingungen, die für die Arbeit im Home Office von Gesetzes wegen oder aufgrund vertraglicher Vereinbarung dringend vorliegen müssen, nicht mehr gegeben sind.

Haben die Parteien vereinbart, dass der Arbeitnehmer seine Arbeitsleistung an einem vom Arbeitgeber einzurichtenden Telearbeitsplatz aus erbringt, ist diese Vereinbarung grundsätzlich unmittelbar mit dem konkreten Wohnort des Arbeitnehmers zum Zeitpunkt dieser Vereinbarung verknüpft. Verlegt der Arbeitnehmer seinen Wohnort, wird der Arbeitgeber nicht ohne Weiteres verpflichtet sein, den Telearbeitsplatz am neuen Wohnort des Arbeitnehmers einzurichten. Erfüllt die neue Wohnung die objektiv relevanten Voraussetzungen für die Einrichtung eines Telearbeitsplatzes nicht mehr (fehlt es zB an den erforderlichen Räumlichkeiten, ist der Geheimnis-schutz nicht gewährleistet oder besteht keine Mög-lichkeit, eine Internetverbindung einzurichten), so wird der Arbeitgeber berechtigt sein, die Vereinba-rung über die Einrichtung des Telearbeitsplatzes zu kündigen, je nach den konkreten Umständen auch fristlos.[101]

Ist die Einrichtung eines Telearbeitsplatzes auch in der neuen Wohnung des Arbeitnehmers den beste-henden vertraglichen Anforderungen entsprechend möglich, wird eine Kündigung der Vereinbarung über die Telearbeit regelmäßig nicht gerechtfertigt sein.[102] In diesen Fällen wird man dem Arbeitgeber zumuten müssen, mit dem Arbeitnehmer zunächst über eine angemessene Anpassung der Vereinbarung über den Telearbeitsplatz zu verhandeln.

3. Einseitige Beendigung durch den Arbeitnehmer

Ob und falls ja auf welche Weise der Arbeitnehmer einseitig die konkret stattfindende Form der mobilen Leistungserbringung beenden und dem Arbeitgeber seine Arbeitsleistung im Betrieb „aufdrängen" kann, hängt davon ab, welche Form der mobilen Leis-tungserbringung auf Basis welcher Rechtsgrundlage stattfindet.

Hat der Arbeitgeber den Arbeitnehmer aufgrund ei-nes im Ausnahmefall möglicherweise bestehenden Direktionsrechts angewiesen, seine Arbeitsleistung (vorübergehend) von einem Home Office oder von einem frei zu wählenden, mobilen Arbeitsplatz aus zu erbringen, wird der Arbeitnehmer regelmäßig keine Möglichkeit haben, diese Weisung einseitig wieder rückgängig zu machen. Die Bestimmung des Arbeitsortes obliegt dann ausschließlich dem Arbeit-geber.

Sieht die Vereinbarung vor, dass der Arbeitnehmer dem Arbeitgeber zur Einrichtung eines Home Office einen Teil seiner Wohnung zur Verfügung stellt – was insbesondere bei der Einrichtung eines Telearbeits-platzes der Fall sein wird – wird im Hinblick auf den grundgesetzlich geschützten Wohnraum (Art. 13 GG) gefordert, dass der Arbeitnehmer die Befugnis ha-ben muss, sich einseitig mit angemessener Ankün-digungsfrist[103] oder jederzeit[104] von der Vereinbarung zu lösen. Ob ein derartiges Recht zur Lösung vom Vertrag in diesen Fällen automatisch besteht oder ob ein Vertrag, der ein derartiges Lösungsrecht nicht

ausdrücklich einräumt, wegen unangemessener Be-nachteiligung insgesamt unwirksam ist[105], scheint ungeklärt.

HINWEIS Soweit die Vereinbarung ausdrücklich darauf gerichtet ist, dass der Arbeitnehmer einen Teil seines Wohnraums für die Erbringung der Ar-beitsleistung zur Verfügung stellt, sollte die ent-sprechende Vereinbarung ausdrücklich auch eine Beendigungsmöglichkeit für den Arbeitnehmer mit angemessener Frist – beispielsweise einen Monat zum Monatsende – vorsehen.

Mit Kündigung der Vereinbarung über die mobile Leistungserbringung durch den Arbeitnehmer ist die Arbeitsleistung wieder (oder erstmalig) im Betrieb des Arbeitgebers zu erbringen. Kann der Arbeitneh-mer seine Arbeitsleistung dort nicht ordnungsgemäß anbieten – etwa weil er aufgrund der Entfernung zwischen Wohnort und Betrieb nicht täglich anrei-sen kann – verliert der Arbeitnehmer seinen Vergü-tungsanspruch und muss mit einer Kündigung des Arbeitsverhältnisses durch den Arbeitgeber rechnen. Ähnliches wird gelten, wenn der Arbeitgeber im Aus-nahmefall keinen Betrieb unterhält und/oder die Er-bringung der Arbeitsleistung aus dem Home Office von Vorneherein Grundlage des Arbeitsverhältnisses war.

4. Einseitige Beendigung durch den Arbeitgeber

Ob und wenn ja auf welchem Weg der Arbeitgeber eine mobile Form der Leistungserbringung einseitig und gegebenenfalls gegen den Willen des Arbeit-nehmers abschaffen kann mit der Folge, dass der Arbeitnehmer seine Arbeitsleistung fortan wieder im Betrieb des Arbeitgebers zu erbringen hat, hängt maßgeblich davon ab, auf welcher Rechtsgrundlage die mobile Leistungserbringung beruht.

a) Beendigung durch Ausübung des Direktionsrechts

Nach zutreffender Auffassung liegt in der Vereinba-rung der Vertragsparteien, dass der Arbeitnehmer seine Arbeitsleistung ganz oder teilweise von sei-nem Home Office (einschließlich eingerichteter Tele-arbeitsplatz) oder einem Mobile Office aus erbringt, eine Vereinbarung zur Regelung des Arbeitsorts. So-weit der Arbeitgeber durch diese Vereinbarung sein Direktionsrecht zur Festlegung des Arbeitsorts nicht aufgegeben oder eingeschränkt hat, muss es dem Arbeitgeber auch möglich sein, durch neuerliche

Ausübung seines Direktionsrechts den Arbeitsort wieder zu ändern.[106]

Ob und in welchem Umfang dem Arbeitgeber ein derartiges Direktionsrecht zusteht, hängt regelmäßig davon ab, auf welche Weise die mobile Leistungserbringung begründet wurde.

aa) Home Office per Direktionsrecht

Hat der Arbeitgeber den Arbeitnehmer durch Ausübung seines Direktionsrechts angewiesen, seine Arbeitsleistung vorübergehend ganz oder teilweise mobil oder von einem Home Office aus zu erbringen[107] spricht auch ohne ausdrückliche Regelung zur Aufrechterhaltung des Direktionsrechts alles dafür, dass das Direktionsrecht des Arbeitgebers zur Erteilung von Weisungen hinsichtlich des Arbeitsorts keinen Einschränkungen unterliegt. Der Arbeitgeber wird in diesem Fall unter Berücksichtigung von § 106 GewO – insbesondere unter Beachtung billigen Ermessens – den Arbeitnehmer anweisen können, seine Arbeitsleistung wieder im Betrieb zu erbringen.

HINWEIS In der wohl überwiegenden Zahl der Fälle, in denen Mitarbeiter unter dem Eindruck des aktuellen Krisengeschehens ihre Arbeitsleistung aus einem improvisierten „Corona-Office" von daheim erbringen, werden die Parteien nicht die Muße gefunden haben, ausgefeilte Home Office-Vereinbarungen abzuschließen. Oftmals wird die Home Office-Tätigkeit auf eine Anweisung des Arbeitgebers oder eine schlüssige Übereinkunft der Vertragsparteien zurückzuführen sein. Auch und gerade wenn zu den weiteren Details nichts geregelt ist, steht dem Arbeitgeber das Direktionsrecht zum Ort der Arbeitsleistung aus § 106 GewO weiterhin zu. Das bedeutet insbesondere, dass der Arbeitgeber unter Beachtung der Grundsätze billigen Ermessens den Mitarbeiter anweisen kann, seine Arbeitsleistung fortan wieder von seinem ursprünglichen betrieblichen Arbeitsort aus zu erbringen. Das dabei zu beachtende billige Ermessen wird wohl insbesondere dann gewahrt sein, wenn das Infektionsgeschehen so weit eingedämmt ist, dass eine Tätigkeit im Betrieb allseits wieder zumutbar erscheint und/oder wenn der Arbeitgeber auf die Erbringung der Arbeitsleistung des Mitarbeiters im Betrieb aus organisatorischen Gründen wieder angewiesen ist.

bb) Home Office durch Vereinbarung

Haben die Parteien das Home Office oder die sonstige mobile Form der Leistungserbringung vertraglich vereinbart (insbesondere durch eine Zusatzvereinbarung zum Arbeitsvertrag), besteht das Direktionsrecht des Arbeitgebers hinsichtlich des Arbeitsortes jedenfalls dann, wenn in der Vereinbarung ausdrücklich eine Versetzungsklausel bezüglich des Arbeitsorts vereinbart ist.

Rechtlich betrachtet ist die Vereinbarung einer derartigen Versetzungsklausel als unechte Direktionsrechtserweiterung, die lediglich das Niveau des § 106 GewO wiederherstellt, zulässig und unterliegt als solche gemäß § 307 Abs. 3 S. 1 BGB nicht der Inhaltskontrolle nach § 307 Abs. 1 BGB.[108]

Praktisch betrachtet besteht die Herausforderung, eine solche Vereinbarung mit dem Arbeitnehmer zu verhandeln. Für den Arbeitnehmer ist ein derartiges Home Office „weniger wert". Er erwirbt auf diese Weise kein weitgehend gegen Maßnahmen des Arbeitgebers geschütztes „Recht auf Home Office".

Enthält die Vereinbarung keine derartige Versetzungsklausel, ist im Wege der Auslegung der vertraglichen Vereinbarungen unter Berücksichtigung der jeweils konkreten Einzelfallumstände festzustellen, ob der Arbeitgeber weiterhin zur Ausübung des Direktionsrechts im Hinblick auf den Ort der Leistungserbringung berechtigt sein soll oder ob das Direktionsrecht insoweit eingeschränkt ist. Eine derartige Einschränkung des Direktionsrechts wird man insbesondere dann annehmen müssen, wenn die Zusatzvereinbarung ausdrücklich ein Recht des Arbeitnehmers dahingehend regelt, dass dieser fortan seine Arbeitsleistung ganz oder teilweise ausschließlich aus seinem Home Office bzw. mobil erbringt. Aus den äußeren Umständen kann auf die Einräumung einer derartigen Rechtsposition zugunsten des Arbeitnehmers insbesondere dann geschlossen werden, wenn sich die Parteien auf eine Tätigkeit des Arbeitnehmers im Home Office verständigen und diese Form der Leistungserbringung für den Arbeitnehmer letztlich die einzig realistische Chance ist, seine Verpflichtungen aus dem Arbeitsvertrag überhaupt erfüllen zu können, zB wegen der erheblichen Distanz zwischen Wohnort und betrieblicher Arbeitsstätte.

Ist die Ausübung des Weisungsrechts entweder kraft ausdrücklicher vertraglicher Vereinbarung oder als Ergebnis der Vertragsauslegung ausgeschlossen, ist es dem Arbeitgeber versagt, den Arbeitnehmer einseitig aufzufordern, seine Arbeitsleistung wieder im Betrieb (oder einem anderen Ort) zu erbringen. Möchte der Arbeitgeber in dieser Situation den Ort der Arbeitsleistung verändern, bleibt neben einer jederzeit möglichen einvernehmlichen Vertragsänderung[109] nur die Erklärung einer Kündigung.[110]

cc) Umsetzung des Direktionsrechts

Hat sich der Arbeitgeber die Ausübung seines Direktionsrechts zum Ort der Arbeitsleistung ausdrücklich vorbehalten oder ergibt zumindest die Auslegung der maßgeblichen Vereinbarung, dass das Direktionsrecht fortbesteht, kann der Arbeitgeber sein Direktionsrecht dennoch nicht willkürlich ausüben. Gemäß § 106 S. 1 GewO ist der Arbeitgeber bei der Ausübung des Direktionsrechts an die Grundsätze billigen Ermessens gebunden. Die Leistungsbestimmung nach billigem Ermessen verlangt nach ständiger Rechtsprechung eine Abwägung der wechselseitigen Interessen nach verfassungsrechtlichen und gesetzlichen Wertentscheidungen, den allgemeinen Wertungsgrundsätzen der Verhältnismäßigkeit und Angemessenheit sowie der Verkehrssitte und der Zumutbarkeit. In die Abwägung sind alle Umstände des Einzelfalls einzubeziehen.[111]

Der Arbeitgeber wird ein berechtigtes Interesse daran, eine bestehende mobile Form der Leistungserbringung zu beenden und den Arbeitnehmer an einen Arbeitsplatz im Betrieb zurückzuholen vor allem damit begründen können, dass die bisherige mobile Form der Leistungserbringung nicht mehr möglich oder ihm nicht zumutbar ist. Dies kann unter anderem der Fall sein, wenn

- ein Home Office vereinbart ist und am (neuen) Wohnort des Arbeitnehmers die erforderliche digitale Erreichbarkeit nicht mehr gegeben ist;

- die vereinbarte mobile Form der Leistungserbringung nicht oder nicht mehr den maßgeblichen Anforderungen im Hinblick auf Datenschutz oder Geheimnisschutz entspricht. Dies kann insbesondere auch der Fall sein, wenn durch gestiegene rechtliche Anforderungen (oder durch ein zunehmendes Bewusstsein) ein bestimmter Schutzstandard maßgeblich wäre, der objektiv nicht eingehalten werden kann (s. dazu zB die aktuellen Vorstellungen der Landesdatenschutzbeauftragten im Hinblick auf die Verarbeitung sensibler Daten im Home Office → IV.4.b)).

- arbeitsorganisatorische Gründe einer Fortsetzung der mobilen Leistungserbringung entgegenstehen. Das kann insbesondere dann der Fall sein, wenn sich der Inhalt der geschuldeten Arbeitsleistung im Laufe der Zeit ändert und die Tätigkeit gemessen an den aktuellen Anforderungen für eine Ausübung außerhalb des Betriebs nicht mehr geeignet ist.

- der Arbeitgeber berechtigte Zweifel daran hat, dass der Arbeitnehmer seine Arbeitsleistung unter den gegebenen Umständen ordnungsgemäß erbringt, sei es

  - dass die Arbeitsmenge oder die Arbeitsqualität stark nachgelassen hat[112]

  - oder der Arbeitnehmer Pflichtverletzungen begangen hat, die sich spezifisch auf die mobile Form der Leistungserbringung beziehen, also

beispielsweise gegen spezifische Vorgaben zum Datenschutz oder Geheimnisschutz im Home Office verstoßen hat, beim Transport von geheimhaltungsbedürftigen Unterlagen wiederholt nachlässig war, dem Arbeitgeber unter Verstoß gegen ein vereinbartes Zutrittsrecht den Zutritt zum Home Office grundlos verweigert hat[113] oder trotz wiederholter Weisung des Arbeitgebers zwingende arbeitszeitrechtliche Vorgaben missachtet hat.

Arbeitsorganisatorische Gründe im vorgenannten Sinne können einer Fortsetzung der mobilen Leistungserbringung beispielsweise auch dann entgegen stehen, wenn der Arbeitgeber die Entscheidung trifft, alle oder bestimmte Arten bislang mobil ausgeübter Tätigkeiten künftig wieder ausschließlich am Betriebssitz anzusiedeln.[114]

Im Rahmen der Abwägung hat der Arbeitgeber auch die berechtigten Interessen des betroffenen Arbeitnehmers zu berücksichtigen. Der Arbeitnehmer wird durch die Anweisung, die Arbeitsleistung künftig vollständig oder jedenfalls vermehrt im Betrieb zu erbringen, einen Nachteil im Vergleich zum Status Quo bereits dadurch erfahren, dass zusätzliche Fahrzeiten und Fahrtkosten auf ihn zukommen. Je nach den persönlichen Lebensumständen ist darüber hinaus ein Nachteil bei der Vereinbarkeit von Familie und Beruf zu erwarten. Soweit eine mobile Tätigkeit im Sinne eines „Vertrauensarbeitsortes" vereinbart ist, verliert der Arbeitnehmer mit der Abschaffung desselben in ganz erheblichem Umfang die bisherige Freiheit bei der Tagesgestaltung.

Bei der Abwägung der beiderseitigen Interessen ist schließlich zu berücksichtigen, wie schwer der jeweilige Grund für die jeweilige Partei wiegt. Die Belastung des Arbeitnehmers durch Fahrtkosten und Fahrtzeiten hängt stark von der Entfernung zwischen Wohnort und Betrieb, der Erreichbarkeit und dem bisherigen Umfang der mobilen Leistungserbringung ab. Ebenso wird zu berücksichtigen sein, ob das Arbeitsverhältnis von Anfang an auf die mobile Leistungserbringung durch den Arbeitnehmer ausgelegt war oder ob der Arbeitnehmer zuvor bereits seine Arbeitsleistung im Betrieb des Arbeitgebers erbracht hat. Insbesondere in letzterem Falle wird eine Rückkehr zur Arbeitsleistung im Betrieb für den Arbeitnehmer wohl nur im Ausnahmefall unzumutbar sein.

Regelmäßig ergibt sich bei der Abwägung der jeweiligen Interessen ein Beurteilungsspielraum zugunsten des Arbeitgebers. Unbillig wäre die Ausübung des Versetzungsrechts insbesondere dann, wenn der Arbeitgeber versucht, einseitig seine Interessen durchzusetzen oder wenn die Entscheidung willkürlich oder missbräuchlich erscheint.[115]

Ob und inwieweit ein Arbeitnehmer einer möglicherweise unbilligen Weisung des Arbeitgebers zum Arbeitsort Folge leisten muss, welche Rechtschutzmöglichkeiten dem Arbeitnehmer zur Verfügung stehen und welche Möglichkeiten wiederum der Arbeitgeber hat, wenn der Arbeitnehmer einer derartigen Weisung nicht unmittelbar Folge leistet, sind interessante und nach wie vor umstrittene Folgefragen, deren Behandlung den Rahmen dieses Werks sprengen würde.[116]

b) Ausübung eines Widerrufsrechts

In der Praxis hat es sich eingebürgert, Zusatzvereinbarungen zu Home Office/Mobile Office mit einem mehr oder weniger konkretisierten Widerrufsrecht des Arbeitgebers zu versehen. Dieser Ansatz ist insbesondere dort verbreitet, wo dem Arbeitnehmer vertraglich ein Recht auf Home Office eingeräumt wird. Bei genauerem Hinsehen zeigt sich, dass die Vereinbarung eines Widerrufsrechts im Vergleich zu einer Vereinbarung zur Aufrechterhaltung des örtlichen Direktionsrechts nur die zweitbeste Lösung ist.

Die Vereinbarung eines Widerrufsrechts ergibt nur dort Sinn, wo zuvor überhaupt ein Recht bzw. ein Anspruch eingeräumt wurde. Wo ein Recht bzw. ein Anspruch auf Home Office nicht vereinbart sein soll, ergibt auch ein „Widerrufsrecht" systematisch betrachtet keinen Sinn. Genau genommen lässt sich dort, wo eine vertragliche Festlegung auf das Home Office nicht besteht, nicht erklären, was der Arbeitgeber überhaupt widerrufen können soll. Eine derartige Widersprüchlichkeit kann analog zu der Rechtsprechung zur Kombination von Freiwilligkeits- und Widerrufsklauseln[117] auch dazu führen, dass ungewollt ein Indiz dafür geschaffen wird, dass dem Arbeitnehmer doch ein Anspruch auf das Home Office zusteht.

Sieht man davon ab, besteht die nächste Herausforderung darin, dass die Vereinbarung eines Widerrufsrechts in einem vom Arbeitgeber formulierten Vertrag der Angemessenheitsprüfung gemäß § 307 Abs. 1, Abs. 2 BGB standhalten muss. Als Maßstab wird dabei ausgerechnet § 106 S. 1 GewO herangezogen.[118] Die vertragliche Ausgestaltung der Widerrufsregelung müsste also dem gesetzlichen Leitbild für die einseitige Veränderung des Arbeitsorts durch den Arbeitgeber und damit § 106 S. 1 GewO entsprechen. Schon in der Vereinbarung selbst müsste niedergelegt sein, dass der Arbeitgeber die Grenzen des billigen Ermessens dadurch beachtet, dass er die berechtigten Interessen des Arbeitnehmers bei seiner Entscheidung angemessen berücksichtigt.

Unter Berücksichtigung dieser Vorgaben bietet die Vereinbarung eines Widerrufsrechts zur Rückgängig-

machung eines Home Office bzw. sonstiger mobiler Arbeitsformen für den Arbeitgeber wenig Vorteil im Vergleich zur Aufnahme einer Versetzungsklausel. Andererseits besteht das Risiko, dass allein aus der Existenz eines ausdrücklichen Widerrufsvorbehalts geschlossen wird, dass die Parteien wohl doch ein Recht auf Home Office vereinbaren wollten oder dass es nicht gelingt, den Widerrufsvorbehalt im Hinblick auf die Berücksichtigung des billigen Ermessens den Vorgaben der Rechtsprechung entsprechend zu formulieren und in der Folge der gesamte Widerrufsvorbehalt unbrauchbar ist.

HINWEIS Soweit vertraglich kein Anspruch des Arbeitnehmers auf eine mobile Arbeitsform vereinbart ist, sollte auf die Verwendung von Widerrufsvorbehalten zur Rückgängigmachung der mobilen Arbeitsform verzichtet werden. Vorzuziehen wäre eine Regelung zur Aufrechterhaltung der Versetzungsmöglichkeit. Widerrufsvorbehalte bieten im Vergleich zu Versetzungsregelungen keine Vorteile und wirken sich im Zweifel nachteilig für den Arbeitgeber aus.

HINWEIS Beinhalten bestehende Verträge zu Home Office oder sonstigen mobilen Beschäftigungsformen Widerrufsrechte zugunsten des Arbeitgebers, sollte vor einer übereilten Ausübung eines derartigen Widerrufsrechts geprüft werden, ob der Vertrag nicht daneben die Möglichkeit lässt, das Direktionsrecht im Hinblick auf den Arbeitsort auszuüben. Falls dies der Fall ist, sollte vorrangig auf das Direktionsrecht zurückgegriffen werden.

c) Kündigung durch den Arbeitgeber

aa) Die Teilkündigung

Für eine einseitige Beendigung der Vereinbarung über die mobile Leistungserbringung durch den Arbeitgeber ist eine Teilkündigung, bezogen auf die konkrete Zusatzvereinbarung zum Home Office oder Mobile Office, in Betracht zu ziehen. Eine Teilkündigung einzelner Vertragsbedingungen wird im Arbeitsrecht grundsätzlich für unzulässig gehalten, da sie einen unzulässigen Eingriff in das ausgehandelte Äquivalenz- und Ordnungsgefüge darstellen soll.[119] Sie soll jedoch nach neuer Rechtsprechung ausnahmsweise dann zulässig sein, wenn ein Vertragsverhältnis aus mehreren Teilverträgen zusammengesetzt ist und diese Teilverträge jeweils selbstständig lösbar erscheinen oder wenn wirksam vereinbart ist, dass eine vertragliche Abrede einzeln kündbar ist.[120] Vor dem Hintergrund dieser noch sehr neuen Entwicklung scheint der Ausspruch einer Teilkündigung, gerichtet auf die Beendigung des Home Offices/

des mobilen Einsatzes nicht gänzlich aussichtslos, jedenfalls dann, wenn das Home Office/die mobile Tätigkeit in einer Zusatzvereinbarung vereinbart wurde und das Arbeitsverhältnis auch ohne dies – also regelmäßig im ursprünglichen Zustand – sinnvoll durchgeführt werden kann. Jedenfalls würde eine derartige Teilkündigung nicht in das Äquivalenzgefüge von Leistung und Gegenleistung eingreifen.

Übernimmt man die Sichtweise des BAG aus der Entscheidung vom 18.5.2017, müssten in der betreffenden Klausel noch nicht einmal die Gründe für die Zulässigkeit einer etwaigen Teilkündigung beschrieben sein.[121] Hält man eine Teilkündigung dennoch generell für unzulässig, wäre eine derartige Klausel wohl in einen Widerrufsvorbehalt umzudeuten, bei dessen Ausübung dann wieder die Grundsätze billigen Ermessens anzuwenden wären.[122]

bb) Die Änderungskündigung

Steht dem Arbeitgeber keines der vorstehend beschriebenen Mittel zur Beendigung einer Vereinbarung zur mobilen Leistungserbringung zur Verfügung, bleibt der Ausspruch einer ordentlichen Änderungskündigung. Eine Änderungskündigung kann nur unter Beachtung der jeweils für das Arbeitsverhältnis maßgeblichen Kündigungsfrist erfolgen.

Die wesentliche Herausforderung für den Arbeitgeber besteht darin, dass die Änderungskündigung bei Eingreifen des gesetzlichen Kündigungsschutzes einer sozialen Rechtfertigung bedarf, also nur aus einem personen-, verhaltens- oder betriebsbedingten Grund iSd § 1 Abs. 2 S. 1 KSchG zulässig sein kann.

In der Person des Arbeitnehmers liegende Gründe werden nur äußerst selten eine Änderungskündigung mit dem Ziel der Abschaffung eines Home Office rechtfertigen können. Eher theoretischer Natur dürfte die Fallgestaltung sein, dass ein Arbeitnehmer aufgrund seiner Persönlichkeitsstruktur schlicht nicht in der Lage ist, die Arbeit im Home Office vernünftig zu organisieren bzw. sich auf die Arbeit hinreichend zu konzentrieren. Für möglich wird gehalten, dass ein Umzug des Arbeitnehmers zum Wegfall der Grundlage für die Home Office-Tätigkeit führt und damit eine personenbedingte Kündigung rechtfertigt.[123] Dies wird jedoch allenfalls bei der Vereinbarung eines vom Arbeitgeber einzurichtenden Telearbeitsplatzes der Fall sein können oder dann, wenn die Wohnsituation am neuen Arbeitsort eine gesetzes- oder vertragskonforme Home Office-Tätigkeit nicht mehr gestattet.

Eine verhaltensbedingte Änderungskündigung, gerichtet auf die Abschaffung eines Home Offices, wird dann in Betracht kommen, wenn dem Arbeitnehmer Pflichtverletzungen vorzuwerfen sind, die in einem konkreten Bezug zu der Tätigkeit im Home Office stehen. Dies können Verstöße gegen konkrete Vereinbarungen zum Geheimnisschutz oder Datenschutz, oder eine schuldhafte Nichtgewährung des vertraglich vereinbarten Zutritts sein.[124] Regelmäßig wird eine Kündigung – abgesehen von besonders schwerwiegenden Vertragsverletzungen – nur für den Fall mehrmaliger Wiederholungen der Pflichtverletzung trotz zwischenzeitlicher Abmahnung möglich sein.

Schließlich kann eine Änderungskündigung gerichtet auf Abschaffung eines Home Office bzw. einer mobilen Tätigkeit auch durch ein dringendes betriebliches Erfordernis iSv § 1 Abs. 2 S. 1 KSchG gerechtfertigt sein. Dies kommt dann in Betracht, wenn der Arbeitgeber eine Organisationsentscheidung trifft, dass sämtliche oder bestimmte Arten von Tätigkeiten nicht mehr in Home Office/Mobil Office sondern wieder am Betriebssitz ausgeführt werden sollen. In diesem Fall ist die Organisationsentscheidung regelmäßig als gegeben hinzunehmen und nicht auf ihre Zweckmäßigkeit hin zu überprüfen, sofern sie tatsächlich existiert und konsequent umgesetzt wird.[125] Dieser Begründungsweg trägt regelmäßig nur dann, wenn auf Grundlage einer generellen Entscheidung eine Mehrzahl von Arbeitnehmern betroffen ist.[126]

V. Home Office und Beteiligung des Betriebsrats

1. Zuständigkeit des Betriebsrats

Mitarbeiter, die im Home Office/Mobile Office tätig sind, sind nicht in der betrieblichen Arbeitsstätte tätig. Dies kann die Frage nach der Zugehörigkeit zum Betrieb iSd Betriebsverfassungsrechts in unterschiedlicher Form aufwerfen.

Der einzelne Home Office-Arbeitsplatz bzw. in der Variante des Mobile Office der einzelne Arbeitnehmer ist kein eigener Betriebsteil, der gemäß § 4 Abs. 1 BetrVG als selbstständiger Betrieb gilt. Noch ist er ein Nebenbetrieb. Es fehlt an den Voraussetzungen des § 1 BetrVG. Selbst wenn der außerbetriebliche Arbeitsplatz als Betrieb anzusehen wären, wäre er jedenfalls dem Hauptbetrieb zuzuordnen (§ 4 Abs. 2 BetrVG).

Daraus folgt, dass für den Arbeitnehmer, der im Home Office oder im Mobile Office tätig ist, der Betriebsrat des Betriebs bzw. des Hauptbetriebs zuständig ist. § 5 Abs. 1 S. 1 BetrVG stellt dies in Bezug auf den Außendienst und die ausschließliche Telearbeit ausdrücklich klar.

Zudem ist der Begriff des Betriebs im BetrVG nicht örtlich, sondern funktional zu verstehen und damit nicht auf die Betriebsstätte beschränkt. Auch deshalb ist der Mitarbeiter im Home Office Teil des Betriebs, dem er zuzuordnen ist.

Die Zuordnung erfolgt zu dem Betrieb, in dem mitbestimmungsrelevante Arbeitgeberfunktionen für den Mitarbeiter wahrgenommen werden. Dabei muss es sich nicht um den räumlich nächstgelegenen Betrieb des Unternehmens handeln. Maßgeblich für die Zuordnung ist vielmehr, woher der Mitarbeiter seine Weisungen erhält und in welche Betriebsorganisation er eingegliedert ist.

Befindet sich das Home Office im Ausland, ist entscheidend, ob sich der Sitz des Betriebes, dem der Arbeitnehmer zuzuordnen ist, im Inland befindet, da für den räumlichen Anwendungsbereich des BetrVG das Territorialitätsprinzip gilt. Der Mitarbeiter im Home Office bleibt bei einer Auslandstätigkeit daher dann dem inländischen Betrieb und damit dem Geltungsbereich des BetrVG zugeordnet, wenn er zwar vom Ausland aus tätig ist, aber in den inländischen Betrieb eingegliedert ist. Wenn der Mitarbeiter also etwa ausschließlich für den inländischen Betrieb

arbeitet, wird er regelmäßig diesem Betrieb zuzurechnen sein.

Aus der Erkenntnis, dass der Home Office-Arbeitsplatz bzw. der dort tätige Arbeitnehmer einem Betrieb und damit dem für diesen Betrieb zuständigen Betriebsrat zuzuordnen ist, ergibt sich, dass die Mitbestimmung für den im Home Office tätigen Arbeitnehmer in vollem Umfang eröffnet ist. Außerdem ist der Mitarbeiter in diesem Betrieb bei der Betriebsratswahl ggf. wahlberechtigt und wählbar.

2. Mitbestimmung des Betriebsrats beim Home Office

Die Sicht von Betriebsräten auf das Home Office ist häufig ambivalent. Einerseits wird die Möglichkeit zur Tätigkeit im Home Office vehement gefordert, mit dem Ziel, die Vereinbarkeit von Familie und Beruf und einen möglichst flexiblen Arbeitseinsatz zu fördern. Andererseits fürchten Betriebsräte – ob zu Recht oder zu Unrecht – soziale Entfremdung und Selbstausbeutung der Mitarbeiter im Home Office.

Im Folgenden sollen die zentralen Mitbestimmungsrechte des Betriebsrats im Zusammenhang mit der Arbeit im Home Office dargestellt werden. In aller Regel sind diese für die Tätigkeit im Mobile Office ebenso eröffnet.

Mitbestimmungsrechte des Betriebsrats ergeben sich in Bezug auf das Home Office ebenso wie auf die mobile Arbeit insbesondere in personellen (§ 92 ff. BetrVG) und sozialen Angelegenheiten (§ 87 ff. BetrVG). In der Praxis wird der Themenkomplex häufig – mehr oder minder umfassend – in einer einheitlichen Betriebsvereinbarung geregelt.[127]

a) Grenzen der Mitbestimmungsrechte beim Home Office

Allerdings gibt es keinen eigenen Mitbestimmungstatbestand „Home Office".[128] Der Betriebsrat hat daher regelmäßig keine Möglichkeit, den Arbeitgeber zur Zulassung oder zur Einrichtung von Home Office-Tätigkeit zu zwingen.

Da die Betriebsparteien nicht zu Eingriffen in die private Lebensführung der Mitarbeiter befugt sind, kann auch durch Betriebsvereinbarung gegen den Willen der Mitarbeiter keine Verpflichtung zur Arbeit im Home-Office eingeführt werden, selbst wenn zwischen Betriebsrat und Arbeitgeber Einvernehmen herrscht. Dazu fehlt den Betriebsparteien die Regelungskompetenz. Dies wird man allenfalls in einer Krisensituation wie der Corona-Pandemie anders sehen können. Hier wird vertreten, dass unter Abwägung mit den Grundrechten der Mitarbeiter (Unverletzlichkeit der Wohnung) auch die Pflicht zur vorübergehenden Arbeit im Home Office von den Betriebsparteien eingeführt werden könne, wenn dies zur Abwendung einer unmittelbar drohenden, erheblichen Gefahr für die körperliche Unversehrtheit von Beschäftigten und Dritten erforderlich sei.[129]

HINWEIS Regelmäßig beschränken sich Betriebsvereinbarungen zum Home Office auf die Regelung allgemeiner Grundsätze und sehen weder eine individuelle Verpflichtung noch einen individuellen Anspruch auf Arbeit im Home Office vor, sondern basieren meist auf sog. doppelter Freiwilligkeit, wonach nur dann eine Tätigkeit im Home Office möglich ist, wenn sowohl Arbeitgeber als auch Arbeitnehmer dies übereinstimmend wollen und vereinbaren. Typischerweise werden hierfür Muster für eine individuelle Home Office-Vereinbarung als Anhang zur Betriebsvereinbarung vorgegeben.

b) Beschränkung der Mitbestimmung in Eil- und Notfällen

Angesichts der aktuellen Corona-Pandemie wurde in vielen Fällen pragmatisch und sehr rasch die Arbeit vieler Mitarbeiter ins Home Office verlegt. Sicher wurde dabei nicht immer der Betriebsrat beteiligt. Allerdings gibt es keinen Grundsatz, der die Mitbestimmung des Betriebsrats in Eilfällen aussetzt. Vielmehr gilt auch in Eilfällen die Mitbestimmung des Betriebsrats uneingeschränkt, sofern das Gesetz keine Ausnahme vorsieht, wie etwa in § 100 BetrVG für personelle Einzelmaßnahmen.

Anderseits wird vertreten, dass in Notfällen eine vorübergehende Beschränkung der Mitbestimmungsrechte in Betracht kommt. Ein solcher Notfall könne etwa in einer unvorhersehbaren und schwerwiegenden Situation gegeben sein, in der der Betriebsrat entweder nicht erreichbar oder nicht zur rechtzeitigen Beschlussfassung in der Lage ist, der Arbeitgeber aber sofort handeln muss, um vom Betrieb oder den Arbeitnehmern nicht wiedergutzumachende Schäden abzuwenden.[130]

Ein Notfall in diesem Sinne lässt sich jedoch selbst für die ersten Tage der Corona-Krise kaum annehmen, da für die erforderlichen Maßnahmen regelmäßig ausreichend Zeit blieb, den Betriebsrat zu beteiligen.

3. Unterrichtungs- und Beratungsansprüche

a) Unterrichtungsanspruch gemäß § 80 Abs. 2 BetrVG

Gemäß § 80 Abs. 2 BetrVG steht dem Betriebsrat ein allgemeiner Informationsanspruch im Hinblick auf die Durchführung seiner Aufgaben nach dem BetrVG gegen den Arbeitgeber zu.

Zu diesen Aufgaben des Betriebsrats gehört die allgemeine Überwachungspflicht gemäß § 80 Abs. 1 Nr. 1 BetrVG. Hiernach hat der Betriebsrat darüber zu wachen, dass der Arbeitgeber die geltenden Gesetze, Verordnungen, Unfallverhütungsvorschriften, Tarifverträge und Betriebsvereinbarungen einhält. Der Betriebsrat kann zur Erfüllung dieser Überwachungsaufgabe auch Informationen über die Durchführung von Home Office-Arbeit verlangen. Zu denken ist hier etwa an Informationen und Unterlagen zur Prüfung, ob Gesetze und Verordnungen zum Arbeitsschutz, das Arbeitszeitgesetz oder auch datenschutzrechtliche Vorgaben im Home Office eingehalten werden.

b) Unterrichtungs- und Beratungsanspruch gemäß § 90 BetrVG

Bei Einführung und Nutzung von Home Office-Arbeitsplätzen hat der Arbeitgeber die Unterrichtungspflicht über die Planung von technischen Anlagen (§ 90 Abs. 1 Nr. 2 BetrVG), von Arbeitsverfahren und Arbeitsabläufen (§ 90 Abs. 1 Nr. 3 BetrVG) und der Arbeitsplätze (§ 90 Abs. 1 Nr. 4 BetrVG) zu beachten.

Unter den Begriff der technische Anlagen iSd § 90 Abs. 1 Nr. 2 BetrVG fällt insbesondere auch die Ausstattung von Home Office-Arbeitsplätzen mit Bildschirmgeräten und EDV-Anlagen. Der Wechsel von einem betrieblichen Arbeitsplatz in ein Home Office stellt zudem eine Veränderung des Arbeitsablaufs dar und ggf. auch ein neues Arbeitsverfahren iSd § 90 Abs. 1 Nr. 3 BetrVG.

Der Betriebsrat ist also bereits in der Phase der Planung von Home Office-Arbeitsplätzen rechtzeitig und umfassend zu unterrichten. Nach § 90 Abs. 2 S. 1 BetrVG sind die vorgesehenen Maßnahmen mit dem Betriebsrat so rechtzeitig zu beraten, dass Vorschläge und Bedenken des Betriebsrats hinsichtlich der Home Office-Tätigkeit noch tatsächlich berücksichtigt werden können. In die Beratung einfließen sollen gemäß § 90 Abs. 2 S. 2 BetrVG neben den Vorstellungen der Betriebsparteien auch gesicherte arbeitswissenschaftliche Erkenntnisse über die menschengerechte Gestaltung der Arbeit.

Die Regelungen des § 90 BetrVG werden durch § 91 BetrVG in Form eines erzwingbaren Mitbestimmungsrechts ergänzt. Insoweit wird dem Betriebsrat ermöglicht, bei Verstößen gegen gesicherte arbeitswissenschaftliche Erkenntnisse über die menschengerechte Gestaltung der Arbeit korrigierend einzugreifen. Können sich die Betriebsparteien insoweit nicht einigen, entscheidet die Einigungsstelle.

4. Mitbestimmungsrechte in sozialen Angelegenheiten

Dem Betriebsrat stehen in Bezug auf die Durchführung von Home Office-Arbeit umfangreiche erzwingbare Mitbestimmungsrechte in sozialen Angelegenheiten gemäß § 87 Abs. 1 BetrVG zu.

Zur Ausübung der Mitbestimmung nach § 87 BetrVG kommt vorrangig der Abschluss von Betriebsvereinbarungen in Betracht, da nur die Betriebsvereinbarung unmittelbare Rechte und Pflichten für Arbeitnehmer begründet. Soweit es jedoch nicht um die Einräumung von Rechten und Pflichten geht, ist auch die formlose Regelungsabrede zur Wahrung des Mitbestimmungsrechts möglich. Kommt zwischen Arbeitgeber und Betriebsrat keine Einigung zustande, entscheidet verbindlich die Einigungsstelle (§ 87 Abs. 2 BetrVG). Ohne die Einigung mit dem Betriebsrat darf der Arbeitgeber mitbestimmungspflichtige Maßnahmen in diesem Bereich nicht durchführen. Tut er es dennoch, sind diese Maßnahmen gegenüber den Mitarbeitern regelmäßig unwirksam und der Betriebsrat kann den Arbeitgeber auf Unterlassung in Anspruch nehmen.

a) Ordnungsverhalten § 87 Abs. 1 Nr. 1 BetrVG

Nach § 87 Abs. 1 Nr. 1 BetrVG hat der Betriebsrat mitzubestimmen in Fragen der Ordnung des Betriebs und des Verhaltens der Arbeitnehmer im Betrieb.

Der Begriff des Betriebs ist auch hier nicht räumlich, sondern funktional zu verstehen. Daher besteht ein Mitbestimmungsrecht auch dann, wenn es um Verhalten außerhalb der Betriebsstätte, also im Home- oder Mobil Office geht.

Der Betriebsrat hat jedoch nur mitzubestimmen bei Maßnahmen, die das sog. Ordnungsverhalten be-

treffen. Demgegenüber sind Maßnahmen, die das Arbeitsverhalten regeln, nicht mitbestimmungspflichtig. Dies sind solche Maßnahmen, mit denen die Arbeitspflicht unmittelbar konkretisiert und abgefordert wird.[131] Ist eine Zuordnung zum Arbeitsverhalten nicht möglich, handelt es sich um Ordnungsverhalten und das Mitbestimmungsrecht besteht.

Gestattet der Arbeitgeber die Nutzung betrieblicher Einrichtungen im Home Office, wie des Intranets oder des vom Arbeitgeber gestellten Internetanschlusses für private Zwecke, so ist innerhalb der Grenzen dieser Nutzung die Aufstellung von Verhaltensregelungen, wie zB Aufzeichnungspflichten oder ähnliches als Ordnungsverhalten mitbestimmungspflichtig. Demgegenüber ist ein vollständiges Verbot der Privatnutzung dienstlicher Einrichtungen mitbestimmungsfrei.

Auch Regelungen zum Zugang des Arbeitgebers zur häuslichen Arbeitsstätte sind mitbestimmungspflichtig, weil sie dem Arbeitnehmer ein Verhalten in Form einer Duldung abverlangen.[132]

Die Vereinbarung eines Arbeitsortes im Home Office als solche ist wegen ihres Regelungsgegenstandes über den Ort der Erfüllung der Arbeitspflicht nicht nach § 87 Abs. 1 Nr. 1 BetrVG mitbestimmungspflichtig. Gleiches gilt für den Verzicht einer Festlegung des Arbeitsorts im Fall des Mobile Office.

Über die Konkretisierung der vertraglichen Arbeitspflichten hinaus mitbestimmungsfrei sind auch Anweisungen zur Kontrolle und Kalkulation der Arbeitsleistung. Erst wenn zur Kontrolle und Überwachung technische Einrichtungen eingesetzt werden, greift das Mitbestimmungsrecht des Betriebsrats nach § 87 Abs. 1 Nr. 6 BetrVG ein (siehe → V. 4. c). Auf die mitbestimmungsfreie Kontrolle der Arbeitsleistung beziehen sich etwa die für das Home Office typischen Anweisungen und Regelungen über Stunden- und Tätigkeitsnachweise, einschließlich einer Delegation der gesetzlichen Aufzeichnungspflichten nach § 16 Abs. 2 ArbZG, § 17 MiLoG oder § 17c AÜG. Bei solchen Aufzeichnungen verpflichtet der Arbeitgeber die Arbeitnehmer, durch eigene Aufzeichnungen eine ordnungsgemäße Arbeitsleistung und die Einhaltung gesetzlicher Vorgaben zu belegen. Berührt ist hiermit allein die Kontrolle der Arbeitsleistung und nicht das Ordnungsverhalten.

b) Arbeitszeit nach § 87 Abs. 1 Nr. 2 BetrVG

Besondere Bedeutung haben im Home Office auch Arbeitszeitregelungen, die ebenfalls mitbestimmungspflichtig (§ 87 Abs. 1 Nr. 2 BetrVG) sind. Arbeitszeit iSd BetrVG ist die Zeit, in welcher der

Arbeitnehmer berechtigt bzw. verpflichtet ist, seine vertraglich geschuldete Arbeit zu leisten. Die Festlegung bestimmter Erreichbarkeitszeiten fällt ebenfalls darunter (Siehe → IV.7.).

Das Mitbestimmungsrecht erstreckt sich zunächst auf die Verteilung der wöchentlichen Arbeitszeit auf die einzelnen Wochentage, also auf die Frage, an welchen Tagen der Woche gearbeitet wird. Mitbestimmungspflichtig ist außerdem eine Regelung über den Beginn und das Ende der täglichen Arbeitszeit.

Nicht dem Mitbestimmungsrecht unterliegt dagegen die regelmäßige Dauer der wöchentlichen Arbeitszeit, also das Volumen. Dies ist Sache des Arbeits- oder Tarifvertrags. Insoweit wird dem Betriebsrat nur für den Sonderfall der vorübergehenden Verkürzung oder Verlängerung der betriebsüblichen Arbeitszeit ein Mitbestimmungsrecht gemäß § 87 Abs. 1 Nr. 3 BetrVG eingeräumt.

Selbstverständlich kann auch im Home Office eine strikte Vorgabe der Arbeitszeit erfolgen, ebenso wie im Betrieb. In der Praxis werden Regelungen der Arbeitszeit im Home Office jedoch häufig mit flexiblen Arbeitszeitmodellen verbunden, zB Gleitzeit oder Vertrauensarbeitszeit. Zwingend ist dies jedoch nicht. Derartige flexible Arbeitszeitmodelle unterliegen ebenso dem Mitbestimmungsrecht des Betriebsrats wie feste Arbeitszeiten.

Nicht mitbestimmungspflichtig sind Vereinbarungen zwischen Arbeitgeber und Arbeitnehmer über die Lage der Arbeitszeit, die nur durch die individuellen Umstände bedingt sind; es fehlt dann an einem kollektiven Tatbestand. Dies kann etwa dann der Fall sein, wenn die betreffende Regelung nur einen einzelnen Arbeitnehmer erfasst, weil es um dessen besondere Situation oder dessen Wünsche geht. Voraussetzung für das Entfallen des Mitbestimmungsrechts ist aber, dass die Festlegung keinen Einfluss auf andere Arbeitnehmer und deren Arbeitszeitgestaltung hat.

c) Technische Einrichtungen nach § 87 Abs. 1 Nr. 6 BetrVG

Wenn eine Überwachung von Arbeitnehmern durch technische Einrichtungen erfolgt, hat der Betriebsrat nach § 87 Abs. 1 Nr. 6 BetrVG mitzubestimmen.

An den Begriff „technischen Einrichtung" sind dabei keine besonderen Anforderungen zu stellen. Nach der Rechtsprechung des BAG ist es nicht erforderlich, dass die technische Einrichtung ausschließlich oder überwiegend die Überwachung der Arbeitnehmer zum Ziel hat. Entgegen dem Wortlaut der Vorschrift genügt es, wenn die Einrichtung objektiv zur Überwachung geeignet ist.[133]

Davon ist auszugehen, wenn ein datenverarbeitendes System individualisierbare Verhaltens- oder Leistungsdaten erhebt oder aufzeichnet. Irrelevant ist, ob die Aufzeichnung der Daten nur ein Nebeneffekt ist oder ob die erfassten Arbeitnehmerdaten vom Arbeitgeber gezielt ausgewertet werden. Das Mitbestimmungsrecht entfällt auch nicht dadurch, dass der Arbeitgeber erklärt, mit der technischen Einrichtung keine Kontrollen durchführen zu wollen.

Dies gilt auch für Software, die der Arbeitgeber nicht auf seinen Systemen installiert und bspw. nur über das Internet nutzt und zur Verfügung stellt. Auch insoweit führt er eine technische Einrichtung ein und nutzt sie.[134]

Unter das Mitbestimmungsrecht des Betriebsrats fällt hiernach praktisch jede moderne technische Anbindung des Home Office an den Betrieb, vom Internetanschluss über die Nutzung des Intranets und den Einsatz von E-Mails, die Internettelefonie sowie die Einführung und Nutzung von Telefon- und Videokonferenzsystemen.

Das Mitbestimmungsrecht besteht bei der Einführung und Anwendung von technischen Überwachungseinrichtungen. Unter Einführung ist vor allem die erstmalige Anwendung zu verstehen. Unter Anwendung ist die allgemeine Handhabung der eingeführten technischen Einrichtung zu verstehen, zB die Festlegung der Art und Weise, wie die Einrichtung verwendet werden soll.[135] Damit hat der Betriebsrat auch die Möglichkeit, bei der Festlegung des Verwendungszwecks gespeicherter Leistungs- oder Verhaltensdaten mitzubestimmen. In der Praxis geht es hierbei häufig um Berechtigungs-, Sperrungs-, Löschungs- und Auswertungskonzepte sowie um Zugriffsrechte und den Umfang von Verhaltens- und Leistungskontrollen.

Im Rahmen des § 87 Abs. 1 Nr. 6 BetrVG hat der Betriebsrat ein Initiativrecht. Damit kann er bspw. auch Änderungen bestehender technischer Überwachungseinrichtungen verlangen.

HINWEIS Führt der Arbeitgeber technische Überwachungseinrichtungen ohne Zustimmung des Betriebsrats ein, kann dieser ihre Beseitigung und die Unterlassung der Benutzung im Wege der arbeitsgerichtlichen Beschlussverfahren ggf. durch eine einstweilige Verfügung durchsetzen. Das kann zu einer erheblichen Störung betrieblicher Abläufe führen und im Hinblick auf das Home Office letztlich dazu, dass dieses nicht mehr sinnvoll genutzt werden kann. Daher ist es auch aus Arbeitgebersicht wichtig, die für das Home Office notwendigen technischen Einrichtungen frühzeitig mit dem Betriebsrat abzustimmen.

d) Arbeitsschutz/Gesundheitsschutz gemäß § 87 Abs. 1 Nr. 7 BetrVG

Auch im Home Office bzw. bei mobiler Arbeit sind die Regelungen zum Arbeits- und Gesundheitsschutz zu beachten.

Nach § 87 Abs. 1 Nr. 7 BetrVG hat der Betriebsrat bei einer betrieblichen Regelung über den Gesundheitsschutz stets dann mitzubestimmen, wenn der Arbeitgeber aufgrund einer öffentlich-rechtlichen Rahmenvorschrift Maßnahmen zu treffen hat und ihm bei der Gestaltung Handlungsspielräume verbleiben. Weil das Arbeitsschutzgesetz hinsichtlich der Gefährdungsbeurteilung das Verfahren nicht im Detail regelt, sondern dem Arbeitgeber überlässt, besteht insoweit ein Mitbestimmungsrecht des Betriebsrats bei der Gefährdungsbeurteilung.[136]

Da bei Home Office-Arbeit die konkreten Arbeitsbedingungen vorab vom Arbeitgeber nur schwer selbst untersucht werden können, ist der Arbeitgeber insoweit häufig auf Auskünfte der betroffenen Arbeitnehmer angewiesen. Die entsprechende Befragung der Mitarbeiter unterliegt als Methode der Gefährdungsanalyse der Mitbestimmung nach § 87 Abs. 1 Nr. 7 BetrVG. Der Betriebsrat hat ein Mitspracherecht darüber, wie die erforderlichen Informationen zur Durchführung der Gefährdungsbeurteilung erhoben werden. Dazu gehört beispielsweise auch, wie der Katalog der Mitarbeiterbefragung aussehen soll.

Entsprechendes gilt auch für die Ermittlung psychischer Belastungen im Rahmen der Gefährdungsbeurteilung, die im Zusammenhang mit dem Home Office ebenfalls eine zentrale Rolle spielt.

Bisher von der Rechtsprechung nicht geklärt ist die Frage, ob ein Mitbestimmungsrecht unter dem Gesichtspunkt des Gesundheitsschutzes besteht, wenn es um die pandemiebedingte Anordnung von Home Office oder den Rückruf in den Betrieb bei Entspannung der Gefährdungslage geht. Bei der Anordnung von Home Office-Arbeit zum Schutz vor Infektionen im Betrieb mag dies noch einleuchten, richtiger Weise ist aber jedenfalls die Rückholung der Mitarbeiter in den Betrieb nicht als Maßnahme des Gesundheitsschutzes zu qualifizieren, da dies regelmäßig ausschließlich betrieblichen Zwecken und nicht dem Schutz von Mitarbeitern vor Ansteckung dient.

5. Mitbestimmungsrechte des Betriebsrats in personellen Angelegenheiten

Ein wichtiger Bereich der Mitbestimmung im Zusammenhang mit dem Home Office sind die personellen Angelegenheiten.

a) Unterrichtungs- und Mitbestimmungsrechte gemäß § 99 BetrVG

Der Betriebsrat in Unternehmen mit in der Regel mehr als 20 Mitarbeitern ist vor jeder Versetzung gemäß § 99 Abs. 1 BetrVG zu unterrichten. Im Zusammenhang mit Home Office wird dies einerseits relevant, wenn Mitarbeiter aus ihrem betrieblichen Arbeitsplatz in eine mobile Arbeit wechseln. Umgekehrt kann auch die Beendigung des Home Office und die Rückholung des Mitarbeiters in den Betrieb eine Versetzung darstellen, bei der der Betriebsrat zu beteiligen ist.[137]

Dabei spielt es keine Rolle, ob die Tätigkeit ausschließlich oder nur teilweise (alternierend) im Home Office erfolgte oder erfolgen soll. Ausgenommen sind nur solche Fälle, in denen allenfalls gelegentlich eine Arbeit am jeweils anderen Ort stattfindet.[138] Sogar bei örtlich unveränderter Tätigkeit aus dem Home Office kann eine dauerhafte Änderung der Zuordnung zu einem bestimmten Dienstort eine Versetzung darstellen.[139]

Für die Beteiligungsrechte des Betriebsrats kommt es auch nicht darauf an, auf welcher Rechtsgrundlage die Versetzung erfolgt. Der Versetzungsbegriff in § 95 Abs. 3 BetrVG knüpft an die Zuweisung eines anderen Arbeitsbereichs durch den Arbeitgeber an. Dies ist regelmäßig der Fall, wenn die Versetzung auf dem Direktionsrecht des Arbeitgebers beruht, kann aber auch bei einer Vereinbarung zwischen Arbeitgeber und Arbeitnehmer gegeben sein.

Entscheidend ist, dass der Arbeitnehmer auf Initiative des Arbeitgebers in einem anderen Arbeitsbereich – hier im Home Office oder mobil – tätig wird.[140] Bei einer auf Dauer mit Einverständnis des Arbeitnehmers vorgesehenen Versetzung entfällt dagegen das Mitbestimmungsrecht des Betriebsrats[141] dann, wenn die einverständliche Versetzung keine Auswirkungen auf andere Arbeitnehmer hat. Dies wird regelmäßig der Fall sein, wenn die Tätigkeit im Home Office dem Arbeitnehmer nur als Möglichkeit vom Arbeitgeber eingeräumt wird oder ausdrücklich auf Wunsch des Arbeitnehmers gewährt wird. Häufig wird die einvernehmliche Ermöglichung von mobiler

Arbeit daher gerade keine zustimmungspflichtige Versetzung darstellen.

Der Betriebsrat hat nur in den in § 99 Abs. 2 BetrVG aufgeführten Fällen ein Zustimmungsverweigerungsrecht. Die einvernehmliche Einrichtung mobiler Arbeit wird – wenn sie denn überhaupt eine Versetzung auslöst – höchst selten einen der im Gesetz genannten Widerspruchsgründe berühren. Vor allem wird die Möglichkeit, künftig auch mobil zu arbeiten, weder für den unmittelbar betroffenen Arbeitnehmer noch für die Kollegen erhebliche Nachteile befürchten lassen. Bei einer Versetzung vom Home Office in den Betrieb kann auch § 99 Abs. 2 Nr. 4 BetrVG in Betracht kommen, wenn der betroffene Arbeitnehmer Nachteile erleidet, ohne dass dies durch betriebliche oder in seiner Person liegende Gründe gerechtfertigt ist. Umgekehrt dürfte dieser Zustimmungsverweigerungsgrund regelmäßig ausscheiden, wenn der betroffene Arbeitnehmer der Versetzung zustimmt.

b) Mitbestimmungsrechte gemäß § 102 BetrVG

Nach § 102 BetrVG ist der Betriebsrat vor jeder Kündigung anzuhören. Dies wird im Zusammenhang mit dem Home Office insbesondere dann relevant, wenn die Versetzung eines Mitarbeiters zurück in den Betrieb (oder in Ausnahmefällen in das Home Office) nur über den Ausspruch einer Änderungskündigung möglich ist. Dies ist immer dann der Fall, wenn die Änderungen der Arbeitsbedingungen weder vom Direktionsrecht des Arbeitgebers, noch von einzelvertraglichen Bestimmungen gedeckt sind.[142]

6. Mitbestimmung des Betriebsrats in wirtschaftlichen Angelegenheiten

Sowohl die Einrichtung als auch die Abschaffung einer größeren Anzahl von Home Office-Arbeitsplätzen kann eine Betriebsänderung im Sinne des § 111 S. 1 BetrVG darstellen. Dabei kommen insbesondere § 111 Abs. 1 Nr. 4 BetrVG, die grundlegende Veränderung der Betriebsorganisation und § 111 Abs. 1 Nr. 5 BetrVG, die Einführung grundlegend neuer Arbeitsmethoden als Tatbestände in Betracht.

Damit die Einführung bzw. Abschaffung von Home Office-Arbeitsplätzen die Qualität einer Betriebsänderung erreicht, muss es sich jedoch um eine grund-

legende Änderung handeln bzw. die Maßnahme den ganzen Betrieb oder wesentliche Betriebsteile erfassen. Hierbei wird auf die Schwellenwerte des § 17 Abs. 1 KSchG abzustellen sein. Die Einführung oder Abschaffung einzelner Home Office-Arbeitsplätze stellt somit keine Betriebsänderung dar. Auch der zeitliche Umfang der Tätigkeit im Home Office wird in die Prüfung einzustellen sein. Dieser kann schließlich von nur wenigen Tagen im Monat bis zu einer Tätigkeit ausschließlich im Home Office reichen.

Liegt eine (geplante) Betriebsänderung vor, hat der Arbeitgeber den Betriebsrat bzw. Wirtschaftsausschuss rechtzeitig und umfassend zu unterrichten und die geplante Betriebsänderung mit ihm zu beraten. Ziel der Beratung ist ein Interessenausgleich. Gegenstand eines solchen Interessenausgleichs können sämtliche Aspekte der Einführung bzw. Abschaffung von Home Office-Arbeitsplätzen sein, von dem Zeitpunkt der Umsetzung, über die Anzahl der betroffenen Arbeitnehmer und deren Auswahl, die Ausstattung der Home Office-Arbeitsplätze, etc. Der Abschluss eines Interessenausgleichs kann vom Betriebsrat jedoch nicht erzwungen werden.

Zum Ausgleich der mit der Betriebsänderung verbundenen wirtschaftlichen Nachteile ist ein Sozialplan zu verhandeln. Kommt eine Einigung nicht zustande, entscheidet die Einigungsstelle über die Aufstellung des Sozialplans (§ 112 Abs. 4 BetrVG). Wirtschaftliche Nachteile können für die Arbeitnehmer mit einer solchen Betriebsänderung stets verbunden sein, so beispielsweise bei der Abschaffung von Home Office-Arbeitsplätzen in Form von Fahrtkosten zur betrieblichen Arbeitsstätte. Aber auch bei der Einführung von Home Office-Arbeitsplätzen können theoretisch wirtschaftliche Nachteile der Mitarbeiter entstehen, etwa weil entsprechende häusliche Einrichtungen vorzuhalten sind (zB Arbeitszimmer). Allerdings sind bei der Ermittlung der wirtschaftlichen Nachteile im Rahmen eines Sozialplans auch gegenüber stehende Vorteile zu berücksichtigen, also zB ersparte Fahrtkosten. Außerdem wird zumindest bei der Einführung von Home Office-Modellen regelmäßig schon aufgrund der Freiwilligkeit auf Seiten des Arbeitnehmers kein finanzieller Nachteil anzunehmen sein.

Soweit die Maßnahme mit (Änderungs-)Kündigungen verbunden ist, kann sie sich auch als anzeigepflichtige Massenentlassung im Sinne der §§ 17 ff. KSchG darstellen. Insoweit ist gegenüber dem Betriebsrat nach § 17 Abs. 2 KSchG durch den Arbeitgeber die bestehende Unterrichtungs- und Beratungspflicht zu erfüllen.

VI. Der Betriebsrat im Home Office

1. Handlungsfähigkeit des Betriebsrats

Grundsätzlich erfolgt die Willensbildung des Betriebsrats über Beschlussfassungen in Betriebsratssitzungen. Auch wenn in einem Betrieb alle Mitarbeiter pandemiebedingt im Home Office sind, dürfte der Betriebsrat sich theoretisch zu Sitzungen treffen und Beschlüsse fassen. Allerdings ist im Hinblick auf eine mögliche Ansteckungsgefahr auch nachvollziehbar, wenn sich die Mitglieder des Betriebsrats nicht in physischer Anwesenheit treffen wollen – oder es infolge von Reisebeschränkungen und Abstandsregelungen auch gar nicht könnten.

Grundsätzlich ist es möglich, Angelegenheiten der laufenden Geschäfte – wie Besprechungen mit dem Arbeitgeber oder das Erstellen von Entwürfen für Betriebsvereinbarungen – auf Ausschüsse zu übertragen oder sie vom Betriebsratsvorsitzenden selbst erledigen zu lassen. Das geht natürlich auch im Home Office. Allerdings gilt das nicht für die Kernbereiche der Betriebsratstätigkeit. Wird in solchen Fällen die/der Betriebsratsvorsitzende im Alleingang tätig, sind die entsprechenden Maßnahmen schwebend unwirksam und hängen von einer nachträglichen Genehmigung durch einen ordnungsgemäßen Beschluss des Gremiums ab.

Der im Mai 2020 neu eingefügte § 129 BetrVG ermöglicht Betriebsratssitzungen und Beschlussfassungen auch in digitaler Form, also per Video- oder Telefonkonferenz.[143] Die Vorschrift entfaltet Rückwirkung für Betriebsratsbeschlüsse, die nach dem 1.3.2020 gefasst wurden. Nach aktuellem Stand gilt die Vorschrift bis Ende 2020, eine Verlängerung bis Ende Juni 2021 ist offenbar beschlossen.[144]

§ 129 BetrVG verlangt für die Beschlussfassung mittels Video- oder Telefonkonferenz, dass Dritte vom Inhalt der Sitzung keine Kenntnis nehmen können. Des Weiteren ist eine Aufzeichnung der Sitzung unzulässig. Überdies haben die Teilnehmer gegenüber der/dem Vorsitzende/n ihre Anwesenheit in Textform zu bestätigen – hierfür wird eine E-Mail an die/den Betriebsratsvorsitzende/n zu Beginn der Videokonferenz ausreichend sein.[145] Für die Einhaltung der Nichtöffentlichkeit enthält die Gesetzesbegründung den Vorschlag, für die Sitzung eine verschlüsselte Verbindung zu nutzen und die Abgabe einer Erklärung der Teilnehmer, dass sie sich allein in einem nicht öffentlich genutzten Raum befinden.[146]

Gemäß § 40 BetrVG hat der Arbeitgeber die für Betriebsratssitzungen sowie auch für Betriebsversammlungen notwendigen Kosten zu tragen und die erforderliche Kommunikationstechnik – etwa zur Durchführung von Sitzungen per Videokonferenz – zur Verfügung zu stellen.

Aus der grundsätzlichen Möglichkeit, Betriebsratssitzungen und Beschlussfassungen mittels moderner Kommunikationsmittel durchzuführen, lässt sich jedoch keine entsprechende Verpflichtung des Betriebsrats ableiten. Will er eine Präsenssitzung abhalten und ist die Einhaltung von Hygieneauflagen gewährleistet, kann der Arbeitgeber ihm dies nicht verwehren.[147] Sind in der Sitzung geheime Wahlen durchzuführen, kommt eine Anwendung von § 129 Abs. 1 BetrVG von vornherein nicht in Betracht, da die Vorschrift ausweislich ihres Wortlauts lediglich für Sitzungen und Beschlussfassungen gilt.[148]

2. Betriebsversammlungen

Ein weiterer Aufgabenbereich des Betriebsrats ist die Durchführung von Betriebsversammlungen gemäß § 42 BetrVG. § 129 Abs. 3 BetrVG sieht vor, dass Betriebsversammlungen auch mittels audiovisueller Einrichtungen durchgeführt werden können, sofern sichergestellt ist, dass nur teilnahmeberechtigte Personen Kenntnis von dem Inhalt der Versammlung erlangen können. Eine Aufzeichnung der Versammlung istl unzulässig.[149]

Da allerdings im Einzelfall nicht immer gewährleistet ist, dass alle Mitarbeiter zu Hause die technischen Möglichkeiten haben, einer digitalen Betriebsversammlung beizuwohnen und bei einer großen Anzahl von Versammlungsteilnehmern auch nicht ohne Weiteres überprüfbar ist, dass nur teilnahmeberechtigte Personen der Versammlung beiwohnen, ziehen Betriebsräte in der Praxis oftmals die klassische Präsensveranstaltung der digitalen Versammlung vor. Auch wenn Arbeitgeber größere Präsensversammlungen – etwa konzernweite Betriebsversammlungen – im Hinblick auf mögliche Infektionsrisiken nicht gern sehen, können sie ein Vorgehen gemäß § 129 Abs. 3 BetrVG vom Betriebsrat nicht erzwingen. Dies gilt zumindest dann, wenn geltende Hygienevorschriften eingehalten werden können.[150]

Muster 1: Betriebsvereinbarung

Betriebsvereinbarung über

„Rahmenbedingungen Home Office und Mobiles Arbeiten"

zwischen

Arbeitgeber

und dem

Betriebsrat

wird folgende Betriebsvereinbarung über die Rahmenbedingungen für eine Tätigkeit im Home Office und das sog. Mobile Arbeiten geschlossen:

1. Geltungsbereich

Die Betriebsvereinbarung gilt in persönlicher Hinsicht grundsätzlich für alle Mitarbeiter des Arbeitgebers („Mitarbeiter") in allen hierarchischen Funktionen, jedoch mit Ausnahme von

- leitenden Angestellten im Sinne des § 5 Abs. 3 BetrVG
- Auszubildenden
- Werkstudenten und Praktikanten

2. Definitionen

Mobiles Arbeiten im Sinne dieser Betriebsvereinbarung umfasst alle arbeitsvertraglichen Tätigkeiten, die zeitweise oder regelmäßig – sowohl online als auch offline – ortsungebunden außerhalb der betrieblichen Arbeitsstätte durchgeführt werden.

Nicht umfasst sind Tätigkeiten oder Arbeitsformen, die aufgrund ihrer Eigenart zwingend außerhalb des Betriebes zu erbringen sind, zB Rufbereitschaft, Dienstreisen.

Home Office im Sinne dieser Vereinbarung ist der im Rahmen des mobilen Arbeitens vom Arbeitnehmer in seiner Wohnung gewählte Arbeitsplatz.

3. Freiwilligkeit

Die Teilnahme an Home Office/Mobilem Arbeiten ist freiwillig. Ein Rechtsanspruch besteht weder für den Mitarbeiter noch für den Arbeitgeber.

Die Entscheidung, ob für eine bestimmte Personengruppe bzw. einen bestimmten Bereich Home Office oder mobiles Arbeiten generell als Arbeitsform vorgesehen ist, liegt beim Arbeitgeber. Gleiches gilt für die Herausnahme einer bestimmten Personengruppe oder eines bestimmten Bereiches aus dieser Arbeitsform. Der Arbeitgeber hat bei seiner Entscheidung billiges Ermessen (§ 315 BGB) zu beachten.

Mitarbeiter können die Teilnahme ohne Angabe eines Grundes ablehnen. Aus der Teilnahme sowie Nichtteilnahme dürfen ihnen keine Nachteile im Arbeitsverhältnis entstehen.

Die Teilnahme am mobilem Arbeiten kann durch den Arbeitgeber auch für einzelne Mitarbeiter als Arbeitsform insgesamt oder für einzelne Aufgaben nach billigem Ermessen abgelehnt bzw. für die Zukunft untersagt werden, insbesondere für solche Tätigkeiten und Funktionen, die nach ihrer Art oder wegen entgegenstehender technischer Bedingungen oder aufgrund datenschutzrechtlicher Erfordernisse oder Sicherheitsanforderungen nicht geeignet sind, außerhalb der betrieblichen Arbeitsstätte verrichtet zu werden.

Das Gleiche gilt, wenn der individuellen Teilnahme an mobiler Arbeit in der Person des Mitarbeiters liegende Hinderungsgründe entgegenstehen.

Anmerkung: Es existiert kein allgemeines Mitbestimmungsrecht zum mobilen Arbeiten oder Home Office. Der Betriebsrat hat nur bzgl. bestimmter Aspekte bei der Ausgestaltung des mobilen Arbeitens mitzubestimmen. Daher hat der Betriebsrat auch keine Möglichkeit, die Zulassung außerbetrieblichen Arbeitens allgemein oder für bestimmte Arbeitnehmergruppen zu erzwingen. Die Entscheidung für welche Mitarbeiter der Arbeitgeber mobiles Arbeiten zulassen will, ist mitbestimmungsfrei. Dennoch finden sich in vielen Betriebsvereinbarungen (freiwillige) Regelung dazu, welchen Mitarbeitergruppen entsprechende Möglichkeiten eingeräumt werden sollen oder welche abstrakten Voraussetzungen erfüllt sein müssen.

4. Vereinbarung

Die Teilnahme an mobilem Arbeiten bedarf einer schriftlichen Ergänzung zum Arbeitsvertrag gemäß dem Muster der Anlage 1 zu dieser Betriebsvereinbarung. Diese Ergänzung regelt Näheres zur zeitlichen Lage, dem zeitlichen Umfang und der Art des mobilen Arbeitens, Präsenzzeiten im Unternehmen, Zutrittsrechte zum Home Office etc. Die Ergänzung des Arbeitsvertrages begründet jedoch weder einen Anspruch auf die fortgesetzte Teilnahme am mobilen Arbeiten noch beschränkt sie das Direktionsrechts des Arbeitgebers.

5. Arbeitszeit

Es gilt die jeweils individuelle arbeitsvertraglich vereinbarte oder tarifliche festgelegte Arbeitszeit. Ferner gelten die gesetzlichen Bestimmungen des Arbeitszeitgesetzes.

Anmerkung: Diese Bestimmungen sind rein deklaratorisch. Weder das Arbeitszeitvolumen noch die Bestimmungen des Arbeitszeitgesetzes stehen zur Disposition der Betriebsparteien.

Hinsichtlich der Lage der Arbeitszeit gelten die betrieblichen Regelungen.

Anmerkung: Ein mitbestimmungspflichtiger Regelungsbedarf besteht nur, wenn die Lage der Arbeitszeit für das mobile Arbeiten abweichend von der im Betrieb ansonsten geltenden Lage der Arbeitszeit geregelt werden soll.

Die Arbeitszeit wird vom Mitarbeiter elektronisch über das betriebliche Zeiterfassungssystem des Unternehmens erfasst.

Anmerkung: Soweit bzgl. einer solchen technischen Einrichtung der Betriebsrat bereits gem. § 87 Abs. 1 Nr. 6 BetrVG mitbestimmt hat, bedarf es einer gesonderten Regelung hier nur, wenn für das mobile Arbeiten andere technische Einrichtungen eingesetzt werden als im Betrieb. Die Verpflichtung zur Aufzeichnung der Arbeitszeit durch den Mitarbeiter unterliegt nicht dem Mitbestimmungsrecht des Betriebsrats, da dies unmittelbar mit der Erbringung der Arbeitsleistung verknüpft ist und daher nicht dem Ordnungsverhalten iSd § 87 Abs. 1 Nr. 1 BetrVG unterfällt.

6. Arbeitsmittel

Die notwendigen technischen Arbeitsgeräte werden dem Mitarbeiter zur Verfügung gestellt.

Aus datenschutzrechtlichen Gründen ist ausschließlich die vom Arbeitgeber zur Verfügung gestellte Hardware zu nutzen.

Der Mitarbeiter hat bei mobiler Arbeit sicherzustellen, dass er am gewählten Arbeitsort die Einwahlmöglichkeit zu den arbeitsnotwendigen Systemen, Anwendungen und Laufwerken hat.

Die vom Arbeitgeber überlassenen technischen Arbeitsgeräte bleiben Eigenturm des Arbeitgebers und sind pfleglich zu behandeln. Die überlassenen Arbeitsgeräte dürfen ausschließlich zu betrieblichen Zwecken genutzt werden. Sie dürfen Dritten gegenüber weder zugänglich gemacht noch diesen überlassen werden.

Anmerkung: Bei einem vollständigen Verbot der Privatnutzung besteht kein Mitbestimmungsrecht des Betriebsrats. Regelungen zum Einsatz der Arbeitsmittel im Rahmen der Erbringung der Arbeitsleistung sind mitbestimmungsfrei, da sie dem sog. Arbeitsverhalten zuzurechnen sind. Dennoch kann eine solche Klausel sinnvoll sein: Als Betriebsvereinbarung wirkt sie unmittelbar und zwingend auf die Arbeitsverhältnisse ein und ist damit erforderlichenfalls leichter abzuändern als Einzelvereinbarungen. Außerdem findet keine AGB-Kontrolle statt.

Sofern eine Privatnutzung der Arbeitsmittel erlaubt wird, unterliegen diesbezügliche Regelungen allerdings einem echten Mitbestimmungsrecht. Aus datenschutzrechtlichen Gründen ist von einer Zulassung der Privatnutzung jedoch abzuraten.

Es wird keine Zusatzausstattung (zB Möbel) gestellt. Darüber hinaus erfolgt keine Beteiligung an möglichen Kosten (zB Raum-, Energie- und Internetkosten) bei Home Office/mobiler Arbeit.

Anmerkung: Dieser Abschnitt kann nach Absprache mit dem Betriebsrat beliebig inhaltlich gestaltet werden. Es ist auch möglich, insoweit (ganz oder weitgehend) auf die Individualvereinbarung zu verweisen).

7. Arbeitsschutz

Arbeiten Mitarbeiter regelmäßig im Home Office, haben sie nach vorheriger Absprache und angemessener Vorlauffrist dem Arbeitgeber, vom Arbeitgeber beauftragten Vertretern und Personen, deren Zugangsrecht auf einer gesetzlichen Verpflichtung beruht, Zugang zur häuslichen Arbeitsstätte zu gewähren, soweit Gründe vorliegen, die einen Zugang erforderlich machen. Der Zugang ist insb. dann zu gewähren, wenn die Einhaltung der Anforderungen an den Home Office-Arbeitsplatz (insb. zur Arbeitssicherheit und zum Datenschutz) überprüft werden soll oder wenn der Mitarbeiter längere Zeit ortsabwesend ist (zB wegen eines Krankenhausaufenthalts)

Die Teilnahme an der mobilen Arbeit steht unter der Bedingung, dass der Mitarbeiter und sämtliche Mitbewohner des Mitarbeiters den erforderlichen Zugang zum Home Office einräumen. Wird ein berechtigtes Zugangsverlangen verweigert, ist die weitere Teilnahme an der mobilen Arbeit ausgeschlossen und der Mitarbeiter hat seine Arbeitsleistung ausschließlich im Betrieb zu erbringen.

Die Gefährdungsbeurteilung eines Home Office-Arbeitsplatzes erfolgt nach dem Muster der Anlage 2.

Hinsichtlich der mobilen Arbeit außerhalb des Home Office erfolgt eine Gefährdungsbeurteilung durch Befragung der Mitarbeiter gemäß den betrieblichen Vereinbarungen.

8. Datenschutz und -sicherheit

Auch im Rahmen der mobilen Arbeit muss jederzeit sichergestellt sein, dass kein Dritter auf betriebliche Daten oder Akten zugreifen kann.

Der Mitarbeiter ist verpflichtet,

- dafür Sorge zu tragen, dass die überlassenen Arbeitsmittel vor dem Zugriff durch Dritte geschützt sind. Passwort und Zugangsweg zum Datennetz des Arbeitgebers dürfen nicht an Dritte weitergegeben werden.
- den Arbeitgeber über Systemstörungen, Computervirenwarnungen sowie Mängel und Schäden an den überlassenen Arbeitsgeräten zu unterrichten.
- die zur Verfügung gestellten Arbeitsgeräte auf Anforderung dem IT-Support zur Verfügung zu stellen.

Alle unternehmensrelevanten Informationen sind ausschließlich auf den dafür vorgesehenen Netzwerklaufwerken zu speichern. Informationen der Arbeitgeberin dürfen nicht auf betriebsfremde, insbesondere private, IT-Systeme übertragen werden.

Als Home Office darf nur ein Raum genutzt werden, der abschließbar ist. Er ist bei Nichtnutzung durch den Mitarbeiter abzuschließen. (Ausnahme: Der Mitarbeiter wohnt alleine,) Gleiches gilt für den Wohnraum selbst.

Beim mobilen Arbeiten außerhalb der Wohnung des Mitarbeiters gilt ergänzend:

- Der Mitarbeiter darf den mobilen Arbeitsplatz nicht – auch nicht kurzzeitig – unbeaufsichtigt lassen. In diesem Fall ist das Gerät in jedem Fall zu sperren (insbes. Durch Passwortschutz). Für ausreichenden Tastatur- und Bildschirmschutz (vor Einsichtnahme) ist zu sorgen.
- Mobiles Arbeiten im Ausland bedarf der Zustimmung des Arbeitgebers, wenn nicht für bestimmte Länder eine allgemeine Freigabe erteilt wurde.

Der Mitarbeiter erhält in regelmäßigen Abständen eine Unterweisung bzgl. der betreffenden gesetzlichen Bestimmungen und den Umgang mit der Hard- und Software sowie Hinweise auf Gefahren und Missbrauchsquellen.

Anmerkung: Die Regelungen zur Datensicherheit und zum Datenschutz sind zum Arbeitsverhalten der Mitarbeiter zur rechnen. Ein erzwingbares Mitbestimmungsrecht besteht insoweit nicht. Der Arbeitgeber kann dazu also auch im Wege des Direktionsrechts ohne Mitbestimmung des Betriebsrats den Mitarbeiter Vorgaben machen. Dennoch kann eine Klausel der vorstehenden Art sinnvoll sein, insbesondere da sie für alle Arbeitsverhältnisse unmittelbar und zwingend gilt.

9. Fahrkosten/Wegezeiten

Fahrten zur bzw. von der betrieblichen Arbeitsstätte gelten als gewöhnlicher Arbeitsweg und nicht als Arbeitszeit. Kosten hierfür werden nicht erstattet.

10. Inkrafttreten, Kündigung

Diese Betriebsvereinbarung tritt mit Unterzeichnung in Kraft. Sie kann mit einer Frist von 3 Monaten gekündigt werden. Danach behält die Betriebsvereinbarung bis zum Abschluss einer neuen Betriebsvereinbarung ihre Gültigkeit. Die Kündigung bedarf der Schriftform

11. Schlussbestimmungen

Sollte eine Bestimmung dieser Betriebsvereinbarung ganz oder teilweise unwirksam sein oder werden, so wird hiervon die Wirksamkeit der übrigen Bestimmungen nicht berührt. Anstelle der unwirksamen Bestimmung werden die Betriebspartner die gesetzlich zulässige Bestimmung vereinbaren, die dem mit der unwirksamen Bestimmung Gewollten wirtschaftlich am nächsten kommt. Dasselbe gilt für den Fall einer vertraglichen Lücke.

Sollten sich die dieser Betriebsvereinbarung zugrundeliegenden tatsächlichen oder rechtlichen Bedingungen ändern, so werden die Betriebspartner unverzüglich mit dem Ziel, die Betriebsvereinbarung an die geänderten Bedingungen anzupassen, in Verhandlungen treten.

Ort, Datum

Arbeitgeber   Betriebsrat

Muster 2: Zusatzvereinbarung

Zusatzvereinbarung Home Office/Mobiles Arbeiten

Zwischen

– Arbeitnehmer –

und

– Arbeitgeber –

§1 Arbeit im Home Office/Mobile Office

(1) Die Parteien sind sich darüber einig, dass der Arbeitnehmer berechtigt ist, seine vertraglich geschuldete Tätigkeit – mit Ausnahme von Dienstreisen/Kundenbesuchen/Außenterminen/Vortragsveranstaltungen (ggf. ergänzen/anpassen) ab dem xx.xx.xxxx von dem an seinem Wohnsitz eingerichteten Home-Office aus zu erbringen.

Alternative 1: Home Office, alternierender Einsatz:

(1) Die Parteien sind sich darüber einig, dass der Arbeitnehmer berechtigt ist, seine vertraglich geschuldete Tätigkeit – mit Ausnahme von Dienstreisen/Kundenbesuchen/Außenterminen/Vortragsveranstaltungen (ggf. ergänzen/anpassen) ab dem xx.xx.xxxx an regelmäßig xxx Tagen pro Woche/an den Wochentagen xxx von dem an seinem Wohnsitz eingerichteten Home-Office aus zu erbringen.

Alternative 2: Home Office CORONA

(1) Der Arbeitnehmer erklärt sich bereit, nach näherer Abstimmung mit dem Arbeitgeber seine Arbeitsleistung vollständig oder teilweise auch von seinem Home Office aus zu erbringen.

Alternative 3: Mobile Office

(1) Die Parteien sind sich darüber einig, dass der Arbeitnehmer berechtigt ist, seine vertraglich geschuldete Tätigkeit – mit Ausnahme von Dienstreisen/Kundenbesuchen/Außenterminen/Vortragsveranstaltungen (ggf. ergänzen/anpassen) ab dem xx.xx.xxxx von einem von ihm frei auszuwählenden Arbeitsort „Mobile Office" aus zu erbringen.

Alternative 4: Mobile Office, alternierender Einsatz:

(1) Die Parteien sind sich darüber einig, dass der Arbeitnehmer berechtigt ist, seine vertraglich geschuldete Tätigkeit – mit Ausnahme von Dienstreisen/Kundenbesuchen/Außenterminen/Vortragsveranstaltungen (ggf. ergänzen/anpassen) ab dem xx.xx.xxxx an regelmäßig xxx Tagen pro Woche/an den Wochentagen xxx von einem von ihm frei auszuwählenden Arbeitsort „Mobile Office" aus zu erbringen.

Alternative 5: obligatorisches Home Office

(1) Die Parteien sind sich darüber einig, dass der Arbeitnehmer seine vertraglich geschuldete Tätigkeit – mit Ausnahme von Dienstreisen/Kundenbesuchen/Außenterminen/Vortragsveranstaltungen (ggf. ergänzen/ anpassen) ab dem xx.xx.xxxx ausschließlich von dem an seinem Wohnsitz eingerichteten Home-Office aus erbringt.

Alternative 6: obligatorisches Mobil Office

(1) Die Parteien sind sich darüber einig, dass der Arbeitnehmer seine vertraglich geschuldete Tätigkeit – mit Ausnahme von Dienstreisen/Kundenbesuchen/Außenterminen/Vortragsveranstaltungen (ggf. ergänzen/ anpassen) ab dem xx.xx.xxxx ausschließlich von einem von ihm frei auszuwählenden Arbeitsort „Mobile Office" aus erbringen wird.

(2) Das Direktionsrecht des Arbeitgebers auch bezüglich der Festlegung Arbeitsorts bleibt von der Regelung in § 1 Abs. 1 dieser Vereinbarung unberührt. Der Arbeitgeber bleibt berechtigt, dem Arbeitnehmer nach Maßgabe von § 106 GewO vorübergehend oder auf Dauer einen anderen (bzw. bei Vereinbarung von Mobile Office: „einen festen") Arbeitsort zuzuweisen.

Für den Fall einer dauerhaften Zuweisung eines anderen (bzw: „eines festen") Arbeitsortes wird der Arbeitgeber eine Ankündigungsfrist von einem Monat zum Monatsende (ggf. anpassen) einhalten. Ist dem Arbeitgeber die Fortführung der Leistungserbringung im Home Office/Mobile Office aus wichtigem Grund auch bis zum Ablauf dieser Frist unzumutbar, ist der Arbeitgeber berechtigt, den anderweitigen (bzw: „festen") Arbeitsort auch ohne Einhaltung dieser Frist zuzuweisen.

Hinweis: Eine solche Regelung wird ein Arbeitnehmer für den Fall der Vereinbarung eines obligatorischen Home Office möglicherweise nicht akzeptieren (können). (Siehe im Übrigen die Erläuterungen IV, 4., a).

(3) Der Arbeitnehmer bleibt verpflichtet, bei Bestehen betrieblicher Erfordernisse seine Arbeitsleistung in den Betriebsräumlichkeiten des Arbeitgebers zu erbringen. Dies betrifft insbesondere interne Besprechungen, Kundenmeetings, Firmenveranstaltungen und ähnliche Fälle (nach Bedarf anpassen).

Hinweis: Diese Regelung ist bei Home Office und Mobile Office gleichermaßen angebracht. Ist der Mitarbeiter mit einer solchen Regelung nicht einverstanden – was insbesondere bei der Vereinbarung eines obligatorischen Home Office in Betracht kommen kann – sollte zumindest eine abgeschwächte Variante dieser Regelung vereinbart werden.

§ 2 Arbeitszeit/Erreichbarkeit/Erfassung der Arbeitszeit

(1) Der Arbeitnehmer hat während der Arbeitszeit seine jederzeitige Erreichbarkeit per Telefon, E-Mail, Video-Konferenz und sonstigen, vom Arbeitgeber zur Verfügung gestellten Kommunikationsmitteln zu gewährleisten.

Hinweis: Regelmäßig ist es ratsam, Regeln zur Lage und Verteilung der Arbeitszeit im Home Office/mobile Office zu vereinbaren. Bezugspunkt sind dabei zunächst die bereits bestehenden vertraglichen/betrieblichen Arbeitszeitregelungen. Denkbar sind alle Schattierungen von einer konkreten Festlegung der Arbeitszeit,

(2) Der Arbeitnehmer erbringt seine Arbeitsleistung an den Wochentagen Montag bis Freitag jeweils zwischen 8:00 Uhr und 16:30 Uhr. Eine Pause von 30 Minuten ist zwischen 12:00 Uhr und 13:00 Uhr einzulegen.

, über eine Anknüpfung an die bestehenden betrieblichen Regelungen (allerdings nur deklaratorischer Natur, da ohnehin anzuwenden):

Alternative 1

(2) Die betrieblichen Regelungen zu Rahmenarbeitszeiten und Kernarbeitszeiten gelten auch für die Tätigkeit des Mitarbeiters im Home Office/Mobile Office.

, bis hin zu völliger Gestaltungsfreiheit des Arbeitnehmers.

Alternative 2

(2) Der Arbeitnehmer ist in der Verteilung seiner Arbeitszeit im Home Office/Mobile Office frei. Er hat jedoch auf betriebliche Notwendigkeiten Rücksicht zu nehmen.

(3) Der Arbeitnehmer ist verpflichtet, seine Arbeitszeiten einschließlich Beginn, Ende und Pausenzeiten selbständig und nach näherer Weisung des Arbeitgebers zu erfassen.

(4) Der Arbeitnehmer wird auch bei seiner Tätigkeit außerhalb des Betriebs die Vorgaben des Arbeitszeitgesetzes beachten. Dies gilt insbesondere für die tägliche Höchstarbeitszeit von maximal 10 Stunden gem. § 3 ArbZG, die Ruhezeit von mindestens 11 Stunden im Anschluss an das Ende der täglichen Arbeitszeit gem. § 5 ArbZG, das Verbot der Sonn- und Feiertagsarbeit und die Einhaltung der gesetzlich vorgeschriebenen Pausenzeiten gem. § 4 ArbZG. Die Aufzeichnungen gem. § 16 Abs. 2 ArbZG sind spätestens in der ersten Woche eines Monats für den jeweiligen Vormonat zugänglich zu machen.

§3 Technische Ausstattung/Einrichtung Home Office/Einrichtung Telearbeitsplatz

Der Arbeitgeber stellt dem Arbeitnehmer für seine Tätigkeit ein Notebook sowie ein Smartphone, jeweils samt SIM-Karte und der benötigten Software zur Verfügung. Eine Privatnutzung dieser Gerätschaften, der darauf installierten Programme und Zugänge einschließlich dienstlicher E-Mail-Accounts ist nicht gestattet. Die Gerätschaften verbleiben im alleinigen Eigentum des Arbeitgebers und sind auf Aufforderung des Arbeitgebers jederzeit in unverändertem Zustand – insbesondere ohne unautorisierte Löschung von Daten – an den Arbeitgeber herauszugeben.

Alternative 1: Home Office ohne Einrichtung eines Telearbeitsplatzes

Der Arbeitnehmer errichtet in seiner Wohnung ein Home-Office und behält dieses für die Dauer der Geltung dieser Vereinbarung aufrecht. Der Arbeitnehmer versichert, dass sich das zu errichtende Home-Office in einem Raum befinden wird, der nach den einschlägigen baulichen Bestimmungen zum dauerhaften Aufenthalt zugelassen ist. Der Arbeitnehmer versichert, dass die Räumlichkeiten und die dort von ihm genutzten Einrichtungsgegenstände den Anforderungen des Arbeitsschutzes (Arbeitsschutzgesetz, Arbeitsstättenverordnung, Bildschirmarbeitsverordnung) genügen.

Soweit das Home-Office in einer von dem Arbeitnehmer (oder einem Dritten) angemieteten Immobilie eingerichtet wird, versichert der Arbeitnehmer, dass berechtigte Dritte mit der Nutzung als Home Office einverstanden sind.

Der Arbeitgeber stellt dem Arbeitnehmer für seine Tätigkeit ein Notebook samt Dockingstation und Monitor und ein Smartphone, jeweils samt SIM-Karte und der benötigten Software zur Verfügung. Eine Privatnutzung dieser Gerätschaften, der darauf installierten Programme und Zugänge einschließlich dienstlicher E-Mail-Accounts ist nicht gestattet. Die Gerätschaften verbleiben im alleinigen Eigentum des Arbeitgebers und sind auf Aufforderung des Arbeitgebers jederzeit in unverändertem Zustand – insbesondere ohne unautorisierte Löschung von Daten – an den Arbeitgeber herauszugeben.

Alternative 2: Einrichtung eines Telearbeitsplatzes

Hinweis: Einigen sich die Parteien auf die Schaffung eines vom Arbeitgeber einzurichtenden Telearbeitsplatzes sollten weitere Details zu den vom Arbeitgeber zu stellenden technischen Arbeitsmitteln (PC, Drucker, Fax, Internetanschluss, Modem, Telefon) und der sonstigen Einrichtung (Schrank, Schreibtisch, Stuhl) ebenso vereinbart werden wie Details zur Lage und zur Beschaffenheit des vom Arbeitnehmer zur Verfügung zu stellenden Arbeitsraumes.

§4 Ersatz von Aufwendungen

Die Parteien sind sich einig, dass der Arbeitgeber dem Arbeitnehmer keinen Aufwendungsersatz für die Tätigkeit im Home Office/Mobile Office schuldet.

Hinweis: Diese Regelung kann insbesondere dann in Betracht kommen, wenn die Vereinbarung insgesamt vor allem im Interesse des Arbeitnehmers liegt oder bei der Vereinbarung eines Mobile Office, wo der Arbeitnehmer – vorausgesetzt, Telefon und Notebook werden vom Arbeitgeber gestellt – regelmäßig keine nennenswerten Aufwendungen hat.

Alternative:

Für die dem Arbeitnehmer in Verbindung mit der Tätigkeit im Home Office entstehenden Aufwendungen (insbesondere anteilige Kosten für Miete, Strom, Wasser, Heizkosten, Telekommunikation) gewährt der Arbeitgeber dem Arbeitnehmer einen pauschalen, monatlich gezahlten Aufwendungsersatz in Höhe von EUR xxx brutto.

Mit dieser Zahlung sind sämtliche, dem Arbeitnehmer durch die Tätigkeit im Home Office/Mobile Office ggf. entstehende Kosten abgegolten.

Hinweis: grundsätzlich wäre es ebenso möglich, einen Ersatz aller, dem Arbeitnehmer anfallenden Kosten gegen Nachweis zu vereinbaren. Regelmäßig übersteigt der damit einhergehende Verwaltungs- und Prüfaufwand jedes vertretbare Maß.

§5 Fahrtkosten/Reisezeiten

(1) Kosten für die Fahrt zwischen Wohnort und Betrieb des Arbeitgebers werden vom Arbeitgeber nicht erstattet.

(2) Die Parteien sind sich einig, dass an den Tagen, an denen der Arbeitnehmer seine Arbeitsleistung vollständig im Betrieb des Arbeitgebers erbringt der Betrieb als vertraglicher Arbeitsort gilt. Die Arbeitszeit des Arbeitnehmers beginnt in diesem Fall mit Aufnahme der Arbeit im Betrieb und endet spätestens mit dem Verlassen des Betriebs.

Hinweis: diese Regelung ist passend bei alternierendem Home Office/Mobile Office. Ist ein obligatorisches Home Office vereinbart wird der Arbeitnehmer für vom Arbeitgeber verlangte Fahrten zum Betrieb zu Recht Fahrtkostenersatz verlangen. In diesen Fällen ist es auch nicht unwahrscheinlich, dass die Fahrtzeit sowohl im Sinne der Vergütung wie auch im Sinne des ArbZG als Arbeitszeit zu qualifizieren ist. Siehe III. 4.

§6 Datenschutz/Geheimnisschutz

(1) Für die Tätigkeit des Arbeitnehmers im Home Office/Mobile Office gelten die bestehenden vertraglichen und kollektiven sowie die gesetzlichen Regelungen gleichermaßen.

Darüber hinaus ist der Arbeitnehmer verpflichtet, alle notwendigen Vorkehrungen zu treffen, um unbefugten Dritten den Zugang zu den Systemen des Arbeitgebers und schutzwürdigen Daten und Informationen zu verhindern.

Alternative 1: Mobile Office

(2) Der Arbeitnehmer hat seine Arbeitsleistung so einzurichten, dass arbeitsbezogene Daten unbefugten Dritten nicht offenbart werden. Insbesondere ist sicherzustellen, dass unbefugte Dritte Telefonate mit arbeitsbezogenen Inhalten nicht mithören können und dass Korrespondenz – analog oder digital – nicht von Unbefugten mitgelesen werden kann. Insbesondere der Umgang mit sensiblen Daten an belebten Orten ist untersagt.

Soweit der Arbeitnehmer seine Arbeitsleistung von seiner Wohnung aus erbringt und/oder Arbeitsgerätschaften, Unterlagen oder Daten(träger) in seiner Wohnung aufbewahrt hat er durch geeignete Sicherungsmaßnahmen sicherzustellen, dass unbefugte Dritte auf diese nicht zugreifen können.

Alternative 2: Home Office

(2) Der Zugang zu der Wohnung des Arbeitnehmers ist durch ein geeignetes Schließsystem zu sichern.

Der Arbeitsplatz muss sich in einem abschließbaren Raum befinden. Der Raum ist bei Verlassen abzusperren.

Dienstliche Dokumente sind im Home Office unter Verschluss zu halten.

(3) Passörter und sonstige Zugangsdaten sowie Zugangskarten/Token/etc. dürfen unter keinen Umständen an Dritte weitergegeben werden bzw. sind vor dem Zugriff Dritter sicher aufzubewahren.

Die Verbindung zum Netzwerk des Arbeitgebers erfolgt ausschließlich über den vom Arbeitgeber gestellten, gesicherten Zugang. Jegliche Umgehung der vom Arbeitgeber vorgegebenen Sicherungsmechanismen ist verboten.

Der Transport von Unterlagen oder Datenträgern hat so stattzufinden, dass Dritte keinen Einblick erlangen können. Unterlagen sind in einem verschlossenen Behältnis zu transportieren und gegen Abhandenkommen beim Transport zu sichern.

Der Verlust von Daten oder Unterlagen sowie ein auch nur vermuteter Zugriff unbefugter Dritter auf die Systeme des Arbeitgebers sind dem Arbeitgeber unverzüglich anzuzeigen.

Dienstliche Daten dürfen nicht auf privaten Endgeräten oder Speichermedien gespeichert oder verarbeitet werden.

§7 Zutrittsrecht des Arbeitgebers (nur bei Home Office / Telearbeit)

Der Arbeitgeber ist berechtigt, das Home Office anlässlich der erstmaligen Aufnahme der Tätigkeit im Home-Office und im Übrigen jederzeit bei Vorliegen eines sachlichen Grundes zu betreten und in Augenschein zu nehmen. Ein sachlicher Grund liegt insbesondere dann vor, wenn Anhaltspunkte dafür vorliegen, dass das Home-Office bestimmten gesetzlichen oder vertraglichen Anforderungen nicht genügt oder wenn aus dienstlichen Gründen ein Zugang des Arbeitgebers zu den im Home Office aufbewahrten Daten und Arbeitsmitteln im überwiegenden Interesse des Arbeitgebers liegt. Dies ist unter anderem der Fall, wenn der Arbeitnehmer längere Zeit arbeitsunfähig oder aus anderen Gründen nicht Willens oder in der Lage ist, seine Arbeit im Home Office zu verrichten.

Der Arbeitgeber bestimmt, welche Personen in seinem Namen das Zutrittsrecht ausüben.

Der Arbeitgeber wird dem Arbeitnehmer den Zugang mindestens 24 Stunden im Voraus ankündigen, soweit nicht das Interesse des Arbeitgebers an einem sofortigen Zugang oder einem Zugang mit kürzerer Ankündigungsfrist überwiegt.

Der Arbeitnehmer versichert, dass auch die mit ihm in einer häuslichen Gemeinschaft wohnenden Personen mit dieser Zugangsregelung einverstanden sind.

§8 Beendigung/Befristung

(1) Diese Vereinbarung gilt befristet bis zum […].

Hinweis: ggf. Befristung vereinbaren. Zu den Details   IV. 2. a).

(2) Der Arbeitnehmer ist berechtigt, das Home Office durch schriftliche Erklärung gegenüber dem Arbeitgeber ohne Angabe von Gründen aufzugeben. Hierbei ist eine Frist von einem Monat zum Monatsende zu wahren, es sei denn, für den Arbeitnehmer besteht ein wichtiger Grund zur Aufgabe des Home Offices.

Hinweis: Für die Vereinbarung einer solchen Lösungsmöglichkeit besteht bei der Vereinbarung eines Mobile Office regelmäßig kein Anlass.

Hinweis: Haben die Parteien ein obligatorisches Home Office vereinbart, insbesondere in Fällen, in denen der Arbeitgeber einen Betrieb im Inland nicht unterhält kann die Aufgabe des Home Offices dazu führen, dass das Arbeitsverhältnis insgesamt gestört ist. Für diesen Fall ist durch geeignete Regelungen vorzusorgen.

(3) Der Arbeitgeber ist berechtigt, die Gestattung des Home Office/Mobile Office unter Beachtung billigen Ermessens durch schriftliche Erklärung gegenüber dem Arbeitnehmer unter anderem in folgenden Fällen zu widerrufen:

Aufgrund des Verhaltens des Arbeitnehmers besteht begründeter Anlass zu der Annahme, dass Daten und oder Systeme des Arbeitgebers während der Tätigkeit im Home Office/mobile Office nicht hinreichend vor dem Zugriff Dritter geschützt sind.

Die Fortführung des Mobile Office/Home Office ist aus technischen Gründen nicht oder nur mit einem unverhältnismäßigen Aufwand möglich.

[ggf. weiter ausführen]

Der Widerruf erfolgt mit einer Frist von einem Monat zum Monatsende, aus dringendem Grund ggf. mit sofortiger Wirkung oder mit kürzerer Frist.

Hinweis: Die Gestaltung über das arbeitgeberseitige Versetzungsrecht erscheint grundsätzlich vorzugs-würdig. Wird dieser Weg gewählt besteht für die Regelung von Widerrufsgründen eigentlich kein Bedarf mehr. Diese hat dann allenfalls noch eine Auffangfunktion. Die Regelung von Widerrufsgründen kann allerdings dann ratsam sein, wenn die Aufrechterhaltung des Direktionsrechts zum Arbeitsort bewusst nicht vereinbart wurde oder der Arbeitgeber diesen Punkt in der Verhandlung nicht durchsetzen konnte. Zu den Details → IV. 4. b).

(4) Die Gestattung der Tätigkeit im Home-Office/Mobile Office endet automatisch, wenn

- der Arbeitnehmer eine andere Position im Unternehmen übernimmt
- der Arbeitnehmer die Wohnung, in der das Home Office vertragsgemäß eingerichtet ist aufgibt.

Hinweis: Letzteres passt nicht bei Mobile Office.

(5) Für den Fall der Beendigung der Tätigkeit im Home Office/Mobile Office hat der Arbeitnehmer seine Arbeitsleistung an einem vom Arbeitgeber gem. § 106 GewO zugewiesenen Arbeitsort zu erbringen. Dieser kann in einem Betrieb des Arbeitgebers oder außerhalb des Betriebs liegen. Der Arbeitnehmer hat keinen Anspruch darauf, auf den ihm vor Inkrafttreten dieser Vereinbarung zugewiesenen Arbeitsplatz zurückzukehren.

Datum

Unterschriften

Muster 3: Gefährdungsbeurteilung Mobile Office[151]

Im Rahmen der durchgeführten Gefährdungsbeurteilung wurden folgende für das Arbeiten im Mobile Office typische Gefährdungen identifiziert:

1. Arbeitszeit

Missachtung der gesetzlichen Pausen- und Ruhezeiten sowie der täglichen Höchstarbeitszeit

2. Arbeitsplatz und -ort; Ergonomie

2.1 Einschränkung der Arbeit durch nicht funktionsfähige Arbeitsmittel

2.2 Unfall- und Gesundheitsgefahren durch eine unsichere Arbeitsumgebung oder eine falsche Anordnung der Arbeitsmittel

2.3 Zu kleiner Arbeitsplatz, kein ausreichender Platz zur Ablage

2.4 Gesundheitsgefahren aufgrund einer ungeeigneten Arbeitsumgebung, zB aufgrund unangemessener Temperatur, unzureichender/übermäßiger Beleuchtung, zu hoher/zu niedriger Luftfeuchtigkeit, durch Luftbewegung/Zugluft oder Geräusche

2.5 Gesundheitsgefahren durch eine falsche Arbeitsposition (falsche Sitzposition, Haltung) oder aufgrund unzureichender Bewegung

3. Psychische Belastungen

3.1 durch Zeitdruck, ständige Erreichbarkeit, unzureichende Erholungszeiten

3.2 aufgrund eines unzureichenden kommunikativen Austauschs mit den Kollegen

3.3 durch räumliche und zeitliche Entgrenzung von Privatleben und Arbeitsbereich

Muster 4: Hinweise zur Arbeitssicherheit im Mobile Office

Um den typischen Gefahren und Belastungen bei mobiler Arbeit vorzubeugen, bitten wir Sie, die nachfolgenden Hinweise zu beachten.

1. Arbeitszeit

Auch im Mobile Office unterliegen Sie den betrieblichen und gesetzlichen Regeln. Das heißt, auch hier darf nur im Rahmen bestehender betrieblicher Arbeitszeitregelungen sowie in den Grenzen des Arbeitszeitgesetzes gearbeitet werden. Dies gilt sowohl für die Lage und Dauer der Arbeitszeit als auch für die Ruhezeiten. Sie sind daher insbesondere verpflichtet die tägliche Höchstarbeitszeit von 10 Stunden (§ 3 ArbZG) und die mindestens elfstündige ununterbrochene Ruhezeit zwischen den Arbeitstagen (§ 5 Abs. 1 ArbZG), einzuhalten.

2. Arbeitsplatz und -ort; Ergonomie

2.1　Bitte achten Sie darauf, dass Ihre Arbeitsmittel (Laptop, Tisch, Stuhl, Lampe, etc.) funktionsfähig sind und eine leistungsstarke und stabile Internetverbindung vorhanden ist. Sollte Ihr Laptop nicht ordnungsgemäß funktionieren, melden Sie dies bitte umgehend der IT oder Ihrer Führungskraft.

2.2　Bitte achten Sie auf eine sichere Arbeitsumgebung und eine ergonomische Anordnung der Arbeitsmittel, um so Unfall- und Gesundheitsgefahren zu vermeiden.

- Um Unfallgefahren zu vermeiden, achten Sie bitte insbesondere auf folgende Punkte:
  - Keine Stolperkanten,
  - Keine auf dem Boden liegenden Kabel,
  - Keine scharfen Kanten,
  - Standsichere Gegenstände
- Achten Sie bei der Verwendung Ihres Laptops auf eine sichere bzw. ausreichende Auflage/Unterlage.
- Achten Sie auf einen ausreichenden Sehabstand zum Bildschirm. Dieser sollte bei aufrechter Sitzhaltung ca. 45 – 60 cm betragen.
- Bei der Arbeit in geschlossenen Räumen sollte die Blickrichtung zum Bildschirm möglichst parallel zum Fenster verlaufen.

2.3　Achten Sie darauf, dass ihr Arbeitsplatz ausreichend groß ist und auch ausreichend Platz zur Ablage vorhanden ist, um kurzfristig Unterlagen und Arbeitsmittel ablegen zu können. Empfehlenswert ist eine Arbeitsfläche von mindestens 120 x 80 cm.

2.4　Bitte achten Sie auf eine geeignete Arbeitsumgebung. Das bedeutet insbesondere:

- angemessene Temperatur:
  - die Raumtemperatur sollte idealerweise zwischen 19 u. 22 Grad, bei hohen Außentemperaturen max. bei 26 Grad liegen
  - der Raum, in dem gearbeitet wird, sollte beheiz- und belüftbar sein
  - bitte arbeiten Sie nur dann im Freien, wenn die Außentemperatur hierfür geeignet ist
- angemessene Beleuchtung/Lichtverhältnisse:
  - die Beleuchtungsstärke sollte 300 – 750 Lux betragen,
  - die Beleuchtung darf keine direkte oder indirekte Blendung erzeugen,
  - der Arbeitsplatz sollte über natürliches Licht verfügen,
  - es sollte möglichst in Räumen gearbeitet werden, die mit geeigneten Lichtschutzvorrichtungen ausgestattet sind (zB Vorhänge, Jalousien),
  - es sollte nur dann im Freien gearbeitet werden, wenn die Lichtverhältnisse dies zulassen, dh keine direkte Sonneneinstrahlung, kein Wechsel von Licht u. Schatten, ausreichende Helligkeit
- die relative Luftfeuchtigkeit sollte zwischen 50 und 65 Prozent liegen,

- Luftbewegung/Zugluft sollten auf ein Minimum reduziert werden,
- keine akustischen Störquellen.

2.5   Vermeiden Sie bitte Gesundheitsgefahren durch eine falsche Arbeitsposition (falsche Sitzposition, Haltung):

- Arbeiten Sie möglichst auf einem ergonomischen Stuhl (höhenverstellbar, kippsicher, mit Rollen, ausreichende Sitz- und Rückenlehnenbreite, verstellbare Armauflagen)
- Achten Sie darauf, dass Sie ergonomisch sitzen, dh insbesondere:
  - bei flach aufgestellten Füßen sollten die Unter- und Oberschenkel einen rechten Winkel bilden,
  - es sollte die gesamte Tiefe der Sitzfläche eines Stuhls zum Sitzen ausgenutzt werden,
  - Ober- und Unterarme sollten einen rechten Winkel bilden
  - entwickeln Sie ein dynamisches Sitzverhalten: ein regelmäßiger Wechsel der Sitzhaltung entlastet die Bandscheiben und trägt damit zur Vermeidung von verschleißbedingten Bandscheibenschäden bei
- Achten Sie darauf, dass ihr Arbeitsplatz Ihnen ausreichend Bewegungsfreiheit ermöglicht, damit Sie in unterschiedlichen Positionen sitzen können.
- Legen Sie öfter kurze Pausen ein, um Zwangshaltungen beim Bedienen des Laptops zu vermeiden; nutzen Sie Pausen zB für Bewegungs-, Entspannungs- und Augenübungen.
- Gönnen Sie Ihren Augen eine Entspannung und lassen Sie ihre Blicke zeitweise schweifen.

3. Vorbeugung psychischer Belastungen

3.1   Versuchen Sie möglichst, auch im Mobile Office ausschließlich zu den betriebsüblichen Arbeitszeiten zu arbeiten. Es ist nicht erforderlich, dass Sie ständig erreichbar sind. Achten Sie darauf, dass Sie ausreichende Erholungszeiten in Ihren Arbeitstag integrieren.

3.2   Achten Sie auf einen regelmäßigen kommunikativen Austausch mit Ihren Kollegen und Ihrer Führungskraft, zB im Rahmen von Telefon-/Videokonferenzen.

3.3   Versuchen Sie, „Arbeit" und „Freizeit/Privatleben" sowohl räumlich als auch zeitlich zu trennen.

Sollten Sie sonstige Belastungen oder Gefährdungen im Mobile Office bemerken, melden Sie diese bitte umgehend Ihrer Führungskraft, der Fachkraft für Arbeitssicherheit oder dem Betriebsarzt, damit wir gemeinsam eine Lösung erarbeiten können.

Für Fragen im Zusammenhang mit der Gestaltung der mobilen Arbeit sowie zu Arbeitssicherheit und Gesundheitsschutz wenden Sie sich bitte an Ihre Führungskraft, die Fachkraft für Arbeitssicherheit oder den Betriebsarzt.

Anmerkungen

1 Studie „Verbreitung und Akzeptanz von Home Office in Deutschland" des bayerischen Forschungsinstituts für digitale Transformation, www.bidt.digital/studie-Home Office

2 BAG 14.11.2006 – 1 ABR 5/06, NZA 2007, 458 f.; 11.7.2006 – 9 AZR 519/05, NZA 2007, 155 f.

3 Arnold/Günther/*Arnold/Winzer*, Arbeitsrecht 4.0, Kap. 3 Rn. 78.

4 Siehe zB Kramer/*Solmecke*, IT-Arbeitsrecht A Rn. 11; Arnold/Günther/*Arnold/Winzer*, Arbeitsrecht 4.0, Kap. 3 Rn. 78.

5 BT-Drs. 19/18111, 25; kritisch auch Schmidt/*Winter/Thürk*, COVID-19, Rechtsfragen zur Corona-Krise, § 17 Rn. 22.

6 Siehe zum Thema auch: Kramer/*Solmecke*, IT-Arbeitsrecht, A Rn. 9 ff.; *Hidalgo*, NZA 2019, 1449.

7 BAG 8.6.1967 – 5 AZR 461/66, NJW 1967, 1982; 10.4.1991 – 4 AZR 467/90, NZA 1991, 856.

8 https://www.bmas.de/SharedDocs/Downloads/DE/PDF-Schwerpunkte/sars-cov-2-arbeitsschutzstandard.pdf?__blob=publicationFile&v=1

9 Zum Meinungsstand vgl. : *Willrich*, NZA 2020, 634.

10 *Schaub/Koch*, Arbeitsrecht von A-Z, Fürsorgepflicht; kritisch zum Begriff ErfK/*Preis*, BGB § 611a Rn. 615 f.

11 ArbG Augsburg 7.5.2020 – 3 Ga 9/20, NZA-RR 2020, 417.

12 https://www.baua.de/DE/Angebote/Rechtstexte-und-Technische-Regeln/Regelwerk/AR-CoV-2/pdf/AR-CoV-2.pdf?__blob=publicationFile&v=6.

13 Siehe → V. 2. a).

14 Zu den Details → III. 1. b.

15 Zu den Details → III. 1. d.

16 *Schöllmann* NZA-Beilage 2019, 81; *Krieger/Rudnik/Povedano Peramato* NZA 2020, 473.

17 Zu den Details → IV.

18 BAG 7.12.2000 – 6 AZR 444/99, NZA 2001, 780 (781); ErfK/*Preis* GewO § 106 Rn. 27; *Reinecke* NZA-RR 2013, 393 (394).

19 ErfK/*Preis* GewO § 106 Rn. 10; BAG 18.10.2017 – 10 AZR 330/16, NZA 2017, 1452 (1456).

20 ErfK/*Preis* GewO § 106 Rn. 10; BAG 18.10.2017 – 10 AZR 330/16, NZA 2017, 1452 (1456).

21 ErfK/*Preis* GewO § 106 Rn. 8; *Hromadka* NZA 2012, 233 (234); BAG 7.12.2000 – 6 AZR 444/99, NZA 2001, 780.

22 ErfK/*Preis* GewO § 106 Rn. 5; BAG 24.8.1983, NZA 2007, 974; *Hromadka*: NZA 2017, 601 (605).

23 *Krieger/Rudnik/Povedano Peramato* NZA 2020, 473 (475); *Lakies* ArbRAktuell 2013, 3 (5); *Richter* ArbRAktuell 2019, 166 (168).

24 *Salamon* ArbRAktuell 2010, 500; BAG 25.8.2010 – 10 AZR 275/09, NZA 2010, 1355 (1358).

25 ErfK/*Preis* GewO § 106 Rn. 27; *Krieger/Rudnik/Povedano Peramato* NZA 2020,473 (474).

26 *Preis/Genenger* NZA 2008, 969 (971); *Hümmerich/Reufels*, Gestaltung von Arbeitsverträgen, Rn. 3538.

27 ErfK/*Preis* GewO § 106 Rn. 28a.

28 *Benkert* NJW-Spezial 2019, 306; *Schöllmann* NZA-Beilage 2019, 81; *Richter* ArbRAktuell 2019, 142.

29 SWK *Grobys/Panzer-Heemeier*, Beschäftigungsanspruch, Rn. 10; HK-ArbGG *Natter/Gross*, § 46 Rn. 76; MAH ArbR/*Glaser* § 24 Rn. 225; BAG 24.11.1994 – 2 AZR 179/94, NZA 1995, 263.

30 LAG Berlin Brandenburg 14.11.2018 – 17 Sa 562/18.

31 *Benkert* NJW-Spezial 2019, 306; *Schöllmann* NZA-Beilage 2019, 81; *Richter* ArbRAktuell 2019, 142.

32 *Fuhlrott/Fischer* NZA 2020, 345 ff.; BeckOK ArbR/*Tillmanns* GewO § 106 Rn. 20; BeckOKArbR/*Joussen* BGB § 611a Rn. 366; BAG 16.10.2013 – 10 AZR 9/13, NZA 2014, 264 ff.

33 Im Ergebnis ähnlich *Fuhlrott/Fischer* NZA 2020, 345 f.; *Weller/Habrich* NJW 2020, 1017 f.; *Günther/Böglmüller* ArbRAktuell 2020, 186 f.; *Krieger/Rudnick/Povedano Peramato* NZA 2020, 473.

34 So auch *Fuhlrott/Fischer* NZA 2020, 345 ff.

35 BAG 17.11.2011 – 5 AZR 564/10, NZA 2012, 260 ff.; 7.2.2007 – 5 AZR 422/06, NJW 2007, 2062 ff.

36 So im Ergebnis auch *Krieger/Rudnick/Povedano Peramato* NZA 2020, 473 f.

37 *Wiebauer* NZA 2017, 220 (222).

38 *Richter* ArbRAktuell 2019, 166 (167).

39 *Müller*, Home Office in der arbeitsrechtlichen Praxis, § 3 Rn. 254.

40 BAG 12.4.2011 – 9 AZR 14/10.

41 EuGH 14.5.2019 – C-55/18, NZA 2019, 683 – CCOO.

42 Vgl. zB *Heuschmid* NJW 2019, 1853 (1854); *Fuhlrott* NZA – RR 2019, 343 und *Bayreuther* EuZW 2019, 446 (447 f.).

43 ArbG Emden 20.2.2020, NZA – RR 2020, 279.

44 *Schrader* NZA 2019, 1035 (1039).

45 Schrader NZA 2019, 1035 (1039).

46 BAG 17.10.2018 – 5 AZR 553/17, NZA 2019, 159 ff.

47 Zu den Details siehe Baeck/Deutsch/Winzer, Arbeitszeitgesetz, 4. Auflage 2020, Rn. 72 ff.

48 Baeck/Deutsch/Winzer, Arbeitszeitgesetz, 4. Auflage 2020, Rn. 71 ff.

49 *Kort* RdA 2018, 24 (30) mwN.

50 Beispielhaft lediglich die Merkblätter und Kurzempfehlungen des Berliner Beauftragten für Datenschutz und Informationsfreiheit, Stand April 2020, zu finden unter www.datenschutz-berlin.de

51 Kramer/*Hoppe*, IT Arbeitsrecht B Rn. 582 unter Verweis auf den BfDI.

52 Broschüre Telearbeit und Mobiles Arbeiten, Seite 11, www.bfdi.bund.de/Publikationen.

53 Preis/*Preis*, Der Arbeitsvertrag II, T 20, Rn. 64 mwN; → III. 9. zum Zugangsrecht.

54 *Koreng/Lachenmann*, Formularhandbuch Datenschutzrecht; *Wertermann/Piltz*, Datenschutz Audit, Rn. 42.

55 BGBl. 2019 I 466.

56 *Wiebauer* NZA 2016, 1430 (1431).

57 Siehe → III. 9.

58 *Wiebauer* NZA 2016, 1430 (1431).

59 *Wiebauer* NZA 2016, 1430 (1431).

60 siehe → I. 2. d).

61 Kramer/*Hoppe*, IT-Arbeitsrecht, B Rn. 652.

62 Siehe → II. 2.

63 Siehe → III. 9.

64 *Hidalgo* NZA 2019, 1449 (1455).

65 *Isenhardt* DB 2016, 1499 (1500).

66 Siehe Muster 3 für eine Gefährdungsbeurteilung bei mobilem Arbeiten im Anhang.

67 *Wiebauer* NZA 2016, 1430 81431).

68 *Hidalgo* NZA 2019, 1449 (1455).

69 *Hidalgo* NZA 2019, 1449 (1455).

70 *Wiebauer* NZA 2016, 1430 (1431).

71 *Isenhardt* DB 2016, 1499 (1500).

72 BSG 18.6.2013 – B 2 U 7/12 R, NJOZ 2014, 311 ff.

73 BSG 5.7.2016 – B 2 U 2/15 R, FD-ArbR 2016, 379489.

74 Vgl. SG München 4.7.2019 – S 40 U 227/18, NZA-RR 2019, 616 ff.

75 BSG 27.11.2018 – B 2 U 28/17 R, ArbRAktuell 2019, 203; anders jedoch BSG 12.12.2006 – B 2 U 28/05 R, BeckRS 2007, 41872: Sturz eines Rechtsanwalts auf Kellertreppe beim Versuch, Akten zum Schreibtisch zu verbringen.

76 BSG 30.1.2020 – B 2 U 19/18 R: ebenfalls kein Versicherungsschutz, wenn eine Arbeitnehmerin ihr Kind in den Kindergarten bringt und auf dem Rückweg ins Home Office einen Unfall erleidet.

77 BGH 30.1.2001 – VI ZR 49/00, r + s 2001, 193 ff.

78 BGH 30.1.2001 – VI ZR 49/00, r + s 2001, 193 ff.

79 Siehe → III. 7. c).

80 Siehe → III. 7. c).

81 *Helm/Steinicken* ArbRAktuell 2013, 315 (318).

82 BGH 30.1.2001 – VI ZR 49/00, r + s 2001, 193 ff.

83 Kramer/*Hoppe*, IT Arbeitsrecht, B Rn. 569 f. ; zu den Grundsätzen der Innenhaftung: SWK/*Grobys/Panzer-Heemeier*, Arbeitnehmerhaftung, Rn. 1–9

84 Vgl. *Schwarze* NZA 2018, 65 (68).

85 *Boemke* BB 2000, 147 (153) mwN.

86 Preis/*Preis*, Der Arbeitsvertrag, II T 20, Rn. 58 mwN.

87 BGH 10.4.2013 – VIII ZR 231/12 (Rn. 14); *Kramer* DB 2000, 1329 (1332).

88 Zum Fall des Home Office im Ausland → III. 14.

89 BT-Drs. 16/7716.

90 Siehe → V. 5.

91 Siehe → V. 1.

92 Vertragliche Schriftformklauseln haben mit der Anwendung des AGB-Rechts auf Arbeitsverträge ihren ursprünglichen Anwendungsbereich fast vollständig verloren. Tatsächlich wirken sich die vertragliche Schriftformklausel und sonstige Formvereinbarungen in der Mehrzahl der Fälle ausschließlich zu Lasten des Arbeitgebers aus, nämlich dann, wenn dem Arbeitgeber gerade wegen der Existenz dieser Regelung verwehrt ist, sich auf eine für ihn günstige, aber eben nicht dieser Form genügende Vertragsänderung zu berufen.

93 BAG 21.4.1993 – 7 AZR 297/92, NZA 1994, 476; 10.12.2014 – 7 AZR 1009/12, NZA 2015, 811 ff.; ErfK/*Preis*, BGB § 310 Rn. 74; Meinel/Heyn/Herms/*Meinel*, TzBfG § 14 Rn. 76 ff.

94 BAG 14.1.2004 – 7 AZR 213/03, BAGE 109, S. 167; 18.6.2008 – 7 AZR 245/07; 25.4.2018 – 7 AZR 520/16, NZA 2018 S. 1061 ff.; ErfK/*Preis* BGB § 310 Rn. 74; Meinel/Heyn/Herms/*Meinel*, TzBfG § 14 Rn. 76 ff.

95 BAG 14.1.2004 – 7 AZR 213/03, BAGE 109, 167; 18.6.2008 – 7 AZR 245/07; 25.4.2018 – 7 AZR 520/16, NZA 2018, 1061 ff.; ErfK/*Preis* BGB § 310 Rn. 74; Meinel/Heyn/Herms/*Meinel*, TzBfG § 14 Rn. 76 ff.

96 BAG 8.8.2007 – 7 AZR 855/06, NZA 2008,. 229.

97 BAG 15.12.2011 – 7 AZR 394/10, NZA 2012, 674 ff.; Meinel/Heyn/Herms/*Meinel*, TzBfG § 14 Rn. 82 u. 85.

98 So aber ErfK/*Preis* BGB § 310 Rn. 75.

99 BAG 2.9.2009 – 7 AZR 233/08, NZA 2009, 1253.

100 Zur eigenmächtigen Verlagerung des Mobile Office ins Ausland → III. 14.

[101] Zu diesem Ergebnis kommt auch *Müller*, Home Office in der arbeitsvertraglichen Praxis, Rn. 525, allerdings in der Diktion bezogen auf den „Home Office-Arbeitsplatz", womit möglicherweise der vom Arbeitgeber eingerichtete Telearbeitsplatz gemeint sein kann.

[102] Anders offenbar *Müller*, Home Office in der arbeitsrechtlichen Praxis, Rn. 526

[103] Maschmann/Sieg/Göpfert/*Tödtmann/Kaluza*, Vertragsgestaltung im Arbeitsrecht C 404 Rn. 24; *Müller*, Home Office in der arbeitsrechtlichen Praxis, Rn. 520

[104] Kramer/*Hoppe*, IT-Arbeitsrecht B Rn. 627; *Kramer* DB 2000, 1329 ff. (1333); Preis/*Preis*, Der Arbeitsvertrag II T 20 Rn. 69

[105] In diesem Sinne *Müller*, Home Office in der arbeitsrechtlichen Praxis, Rn. 523.

[106] Schaub ArbR-HdB/*Vogelsang*, § 164, Rn. 27.

[107] Zur Zulässigkeit der Ausübung des Direktionsrechts insoweit → III. 1. d).

[108] Siehe → II. 1. c).

[109] Siehe → IV. 1. c).

[110] Siehe → IV. 4. d).

[111] BAG 30.11.2016 – 10 AZR 11/16, NZA 2017, 1394 Rn. 29.

[112] s. Dazu Preis/*Preis*, Der Arbeitsvertrag, II T 20 Rn. 69.

[113] Dazu auch *Kamann*, ArbRAktuell 2016, 75 ff.

[114] Zu den Details s. auch ErfK/*Preis*, GewO § 106 Rn. 10, 11.

[115] S. weiterführend ErfK/*Preis*, GewO § 106 Rn. 11.

[116] S. weiterführend ErfK/*Preis*, GewO § 106 Rn. 13 ff.

[117] BAG 14.9.2011 – 10 AZR 526/10, NZA 2012, 81 ff.; ErfK/*Preis* BGB § 310 Rn. 70.

[118] LAG Düsseldorf 10.9.2014 – 12 SA 505/14, ArbRAktuell 2014, 570 ff. (mit Besprechung *Stück*); weiterführend ErfK/*Preis* BGB § 310 Rn. 57 ff.

[119] BAG 22.1.1997 – 5 AZR 658/95, NZA 1997, 711; 18.5.2017 – 2 AZR 721/16, NZA 2017, 1195; MHdBArbR/*Rennpferdt*, § 117 Rn. 36.

[120] BAG 18.5.2017 – 2 AZR 721/16, NZA 2017, 1195; ErfK/*Preis*BGB § 310 Rn. 63a.

[121] Grundsätzlich ablehnend im Hinblick auf die Zulässigkeit einer Teilkündigung wohl *Müller*, Home Office in der arbeitsrechtlichen Praxis, Rn. 490, allerdings ohne Berücksichtigung der Entscheidung des BAG aus dem Jahr 2017.

[122] ErfK/*Preis* BGB § 310 Rn. 63.

[123] *Müller*, Home Office in der arbeitsrechtlichen Praxis, § 4 Rn. 468.

[124] Vergleiche → III. 9.

[125] LAG München 29.7.2009 – 11 Sa 230/09.

[126] KR/*Kiel* KSchG § 1 Rn. 457; BAG 20.12.2012 – 2 AZR 867/11, NZA 2013, 1003; 17.6.1999 – 2 AZR 141/99, NZA 1999, 1098.

[127] Siehe Muster 1 im Anhang.

[128] In einem ersten Gesetzentwurf aus dem Bundesministerium für Arbeit und Soziales zum Home Office, der wenige Tage nach Bekanntwerden gestoppt wurde, war allerdings ein solcher Mitbestimmungstatbestand für die Einführung von Home Office Tätigkeit im Rahmen des Katalogs des § 87 BetrVG vorgesehen.

[129] *Krieger/Rudnik/Povedano Peramato* NZA 2020, 473.

[130] BAG 19.1.2010 - 1 ABR 55/08, NZA 2010, 659.

[131] BAG 27.1.2004, NZA 2004, 556.

[132] Zum Betretungsrecht → IV. 9.

[133] BAG 13.12.2016 – 1 ABR 7/15, NZA 2017, 657.

[134] BAG 13.12.2016 – 1 ABR 7/15, NZA 2017, 657.

[135] *Fitting* BetrVG § 87 Rn. 249.

[136] BAG 8.6.2004 – 1 ABR 4/03, NZA 2005, 227.

[137] LAG Düsseldorf 10.9.2014 – 12 Sa 505/14.

[138] *Isenhardt* DB 2016, 1499 (1502).

[139] HessLAG 14.1.2020 – 4 TaBV 5/19.

[140] *Fitting*, BetrVG, 30. Aufl. 2020, § 99 Rn. 152.

[141] BAG 20.9.1990 – 1 ABR 37/90.

[142] Zur (Änderungs)Kündigung → IV. 4. c).

[143] BGBl. 2020 I 1044.

[144] BT-Drs. 19/24481; die Beschlussempfehlung wurde vom Bundestag am 20.11.2020 angenommen.

[145] *Däubler/Klebe* NZA 2020, 545 (549).

[146] BT-Drs. 19/18753, 28.

[147] ArbG Berlin, 7.10.2020 – 7 BVGa 12816/20.

[148] LAG Berlin-Brandenburg, 24.8.2020 – 12 TaBVGa 1015/20, BeckRS 2020, 21347.

[149] BT-Drs. 19/18753.

[150] LAG Hamm, 5.10.2020 – 13 TaBVGa 16/20.

[151] Das Muster ist bewusst kurz gehalten und kam im Zuge der kurzfristigen Einrichtung von Mobilem Arbeiten in Zeiten von Corona zum Einsatz.